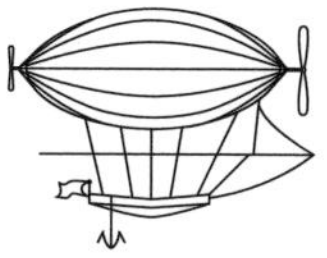

Raphael Rues, Andrej Abplanalp

KAMPFZONE OSSOLA

Der Widerstand an der Schweizer Südgrenze 1943–1945

HIER UND JETZT

Quellennachweis:
Wir haben uns für einen erzählerischen, nicht akademischen Schreibstil entschieden und verzichten deshalb auf Fussnoten innerhalb des Textes. Die verwendeten Quellen werden am Ende des Buchs aufgeführt. Jedes Kapitel wird mit Biografien der Hauptprotagonisten abgeschlossen. Diese kurzen Lebensläufe sind in jenen Kapiteln zu finden, in denen die Personen erstmals genannt werden.

INHALT

Bild der Kämpfe an der Grenze von Gondo (VS), aufgenommen am 17. Oktober 1944 während eines deutschen Luftangriffs.

1

ITALIEN IM ZWEITEN WELTKRIEG

In der Schweiz ist die rund 1800 Quadratkilometer grosse Ossolaregion zwischen dem Simplon und dem Lago Maggiore vor allem für ihre Märkte in den Zentren von Domodossola, Cannobio oder Verbania bekannt. Tausende von Schweizerinnen und Schweizern strömen jeden Samstag auf die Piazza Mercato in Domodossola und kaufen dort kulinarische Köstlichkeiten oder günstige Lederwaren ein. Herr und Frau Schweizer geniessen dann bei Antipasti und einem Aperol Spritz einen Hauch von Süden. Und das nur einen Steinwurf von der Schweizer Grenze entfernt und sogar mit dem Generalabonnement der SBB ohne Zusatzkosten erreichbar. Dabei ist wohl den wenigsten bewusst, dass hier vor gut 80 Jahren ein unerbittlicher Kampf stattgefunden hat. Der Zweite Weltkrieg war 1943 innerhalb weniger Monate bis an die Schweizer Grenze herangerückt und machte teilweise auch vor dieser nicht halt. Immer wieder wurden Schweizerinnen und Schweizer in den Konflikt zwischen Partisanen und den deutsch-italienischen Besatzungstruppen verwickelt. Die Ereignisse entwickelten sich rasend schnell, die Intensität nahm stetig zu.

Italien war seit 1936 mit dem nationalsozialistischen Deutschland verbunden. Die Achse Berlin-Rom wurde von Jahr zu Jahr stärker und am 10. Juni 1940 trat Benito Mussolini an der Seite von Adolf Hitler in den Krieg ein. Der *Duce* wollte auf jeden Fall zu den Siegern gehören und hoffte auf schnelle Gebietsgewinne, etwa in Nizza und Savoyen oder in Nordafrika. Im «Windschatten» der Wehrmacht, die in kürzester Zeit halb Europa überrollt hatte, wollte sich Mussolini seinen Traum des *Mare nostrum*, eines italienisch dominierten Mittelmeerraums, erfüllen. Die Ausgangslage war gut: Hitlers Truppen standen vor Paris, der Kampfwille der Franzosen war gebrochen. Doch die Italiener schafften bis zum Waffenstillstand mit Frankreich am 24. Juni nur gerade die Besetzung des Grenzstädtchens Menton.

Schon in diesem ersten gemeinsamen Kriegsjahr zeigte sich, dass Italien weder militärisch noch wirtschaftlich auf einen modernen Krieg vorbereitet war. Die Waffen der Armee waren veraltet, die Rüstungsindustrie litt unter Rohstoffmangel und die militärische Ausbildung liess zu wünschen übrig. Ausserdem sahen viele Italiener nicht ein, wieso sie für Mussolinis *Mare nostrum* in den Krieg ziehen sollten. Noch sass ihnen der Schrecken des Ersten Weltkriegs, in dem Italien über 600 000 Tote beklagt hatte, in den Knochen. Die militärischen Rückschläge waren deshalb voraussehbar und folgten unweigerlich. Im November und Dezember 1940 scheiterte ein Angriff auf Griechenland und die Italiener mussten sich von schlecht ausgerüsteten Gegnern in die Schranken weisen lassen. In diesem Stil ging es auch 1941 in Nordafrika oder auf dem Balkan weiter. Die italienische Kriegsbilanz wurde immer peinlicher und zwang die Deutschen, regelmässig zu intervenieren. Der Bündnispartner musste quasi nach jeder militärischen Operation Italiens ein Chaos beseitigen. Ab Januar 1943 verschlechterte sich Italiens militärische Lage noch einmal dramatisch. In Nordafrika wurden die italienisch-deutschen Truppen zurückgedrängt und im Mai kapitulierte die Afrikaarmee in Tunesien. Einige Wochen später landeten die Alliierten auf Sizilien und begannen die Eroberung der italienischen Halbinsel.

Mussolinis Autorität sank rapide und bereits im Mai 1943 begannen die Deutschen, mit einem Austritt Italiens aus der Achse zu rechnen. Für diesen Fall bereiteten sie das «Unternehmen Alarich», die Besetzung Italiens, vor. Später wurden diese Pläne in «Fall Achse» umbenannt. Die deutsche Vorahnung hatte nicht getrogen, am 25. Juli 1943 wurde Benito Mussolini abgesetzt und am 8. September schloss die italienische Übergangsregierung einen Waffenstillstand mit den Alliierten (Kapitel 3). Der Bruch der Achse war eingetreten. Hitlerdeutschland reagierte umgehend und besetzte Italien innerhalb weniger Tage. Aus dem ehemaligen Verbündeten war eine Besatzungsmacht geworden. Noch im September wurde Mussolini, der von der Übergangsregierung in Haft gesetzt worden war, befreit und an die Spitze eines faschistischen Ma-

Hier war die Achse Berlin-Rom noch intakt: Benito Mussolini und Adolf Hitler, aufgenommen beim Besuch des *Duce* im Juni 1940 in München.

Nach dem Waffenstillstand Italiens mit den Alliierten am 8. September 1943 besetzten deutsche Truppen das Land. So beispielsweise die Leibstandarte SS Adolf Hitler, die mit Panzern in Mailand – hier auf der Piazza del Duomo – auffuhr.

rionettenstaats gestellt – der Republik von Salò, auch bekannt unter der Bezeichnung *Repubblica Sociale Italiana* (RSI).

Nach der Besetzung Italiens und der Entwaffnung der italienischen Soldaten hatten diese drei Möglichkeiten: Sie schlossen sich den Streitkräften der neuen faschistischen Republik von Mussolini an, sie wurden zur Zwangsarbeit ins Dritte Reich deportiert oder sie tauchten unter und gingen in den Widerstand. Während der grösste Teil, etwa 700 000 Soldaten, deportiert wurde, traten rund 100 000 Männer in den Dienst der RSI ein. Fast ebenso viele wurden zu Partisanen. Am schnellsten formierte sich der Widerstand im Piemont. Das alpine Gelände und die Nähe zur Schweizer Grenze waren für die Widerstandskämpfer wichtig, um im Kampf gegen die Besatzer bestehen zu können. Besonders gute Voraussetzungen fanden die Partisanen in der Region Ossola. Die vielen kleinen Täler, die dichten Wälder und die abgelegenen Alphütten boten ihnen optimale Bedingungen, um sich nach Angriffen schnell zurückziehen zu können. Wenn nötig sogar in die Schweiz. Vor allem mit den Tessinerinnen und Tessinern waren die Widerstandskämpfer zudem kulturell eng verbunden und konnten deshalb auf ihre Unterstützung zählen (Kapitel 8).

Gleichzeitig war das Ossolagebiet wegen seiner vielen natürlichen Ressourcen auch für die Besatzer bedeutend. In erster Linie ging es dabei um die rund 50 Wasserkraftwerke der Region, welche die norditalischen Städte und die nun unter deutscher Kontrolle stehenden Rüstungsindustrie mit Energie versorgten. Zudem sollte die Nord-Süd-Verbindung durch den Simplon unter allem Umständen aufrechterhalten werden. Schnell verwandelte sich das Ossolagebiet deshalb in eine Kampfzone, in der sich die deutschen Besatzungstruppen mit den ihnen angegliederten Salò-Soldaten und die *Resistenza*, der italienische Widerstand, gegenüberstanden. Ihren grössten Erfolg feierte die Partisanen im September 1944 als es ihnen gelang, die Besatzungstruppen zu vertreiben und eine freie Partisanenrepublik zu gründen (Kapitel 6). Während vierzig Tagen rückte der Krieg etwas in den Hintergrund. Die Ossolanerinnen und Ossolaner konnten sich frei im Gebiet der Republik bewegen, ohne eine willkürliche Deportation zu riskieren. Auch ihre

Kleine Alphütten dienten den Partisanen als sichere Rückzugsorte und waren hervorragend für die von ihnen angewandte Guerillataktik geeignet. Dieses Bild entstand im September 1944 auf einer Alp in der Nähe von Crodo.

Meinung durften die Menschen wieder frei äussern. Doch diese Freiheiten endeten bereits im Oktober wieder, als ein massives Aufgebot von deutschen Besatzungstruppen und italienischen Faschisten das Gebiet zurückeroberte. Die anschliessende Fluchtwelle schwappte auf die Schweiz über. Rund 10000 Menschen, darunter über 3000 Partisanen, flohen ins Nachbarland.

Zwischen 1943 und 1945 starben hier, vor den Toren der Schweiz, mindestens 2000 Menschen, darunter viele Zivilistinnen und Zivilisten. Dieses Sterben hatte erst am 2. Mai 1945 ein Ende, sechs Tage vor der offiziellen Gesamtkapitulation des Dritten Reichs. Die frühzeitige Kapitulation der deutschen Streitkräfte in Italien war dank einer inoffiziellen Schweizer Vermittlung im März 1945 in Lugano, Zürich und Ascona möglich gemacht worden. Sie ging unter dem Namen «Operation Sunrise» in die Geschichte ein (Kapitel 10).

Die Protagonisten dieser Geheimverhandlungen hielten auch nach dem Krieg zusammen. Davon profitierten in erster Linie die beteiligten SS-Offiziere, die von den Amerikanern geschützt und von den Schweizern unterstützt wurden. Diese Hilfe war äusserst wirksam: Die deutschen «Sunrise»-Teilnehmer wurden von der Nachkriegsjustiz weitgehend verschont. Teilweise arbeiteten sie später sogar für den US-Geheimdienst (Kapitel 12).

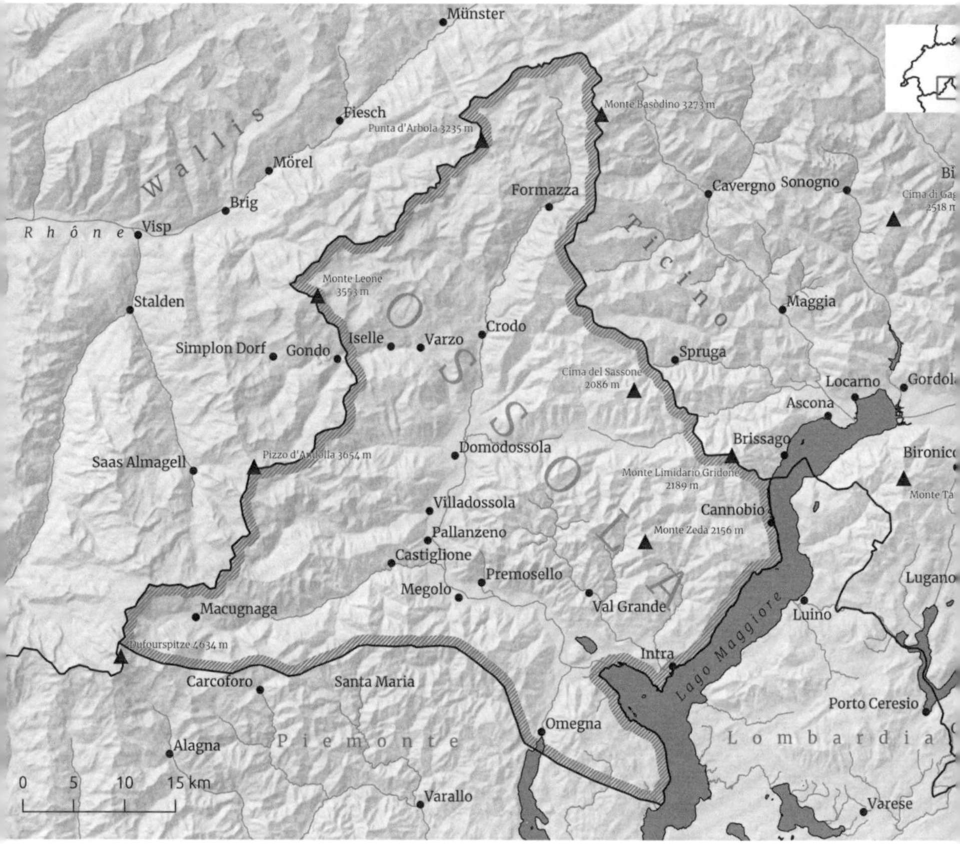

Die Region Ossola 1944: 1800 Quadratkilometer Partisanengebiet zwischen der Schweizer Grenze und dem Lago Maggiore. Die Region hatte zu dieser Zeit rund 80000 Einwohnerinnen und Einwohner.

2

DAS OSSOLAGEBIET – EINE WICHTIGE GRENZREGION

Die Region rund um das Städtchen Domodossola spielte während der ersten Kriegsjahre (1940–1943) eine strategisch zentrale Rolle. Nachdem Italien unter dem faschistischen Regime von Benito Mussolini am 10. Juni 1940 in den Krieg eingetreten war, wurde das Ossolagebiet, «eingekeilt» zwischen den Schweizer Kantonen Wallis und Tessin, für die italienische Armee besonders wichtig und deshalb stark besetzt. Die Nähe zur Schweiz sowie die strategische Bedeutung des Simplontunnels, der Teil der essenziellen Nachschubverbindung zwischen Deutschland und Italien war, machten die Region zu einem tragenden Element innerhalb der militärischen Logistik Italiens. Da die Schweiz völkerrechtlich neutral und somit relativ sicher vor alliierten Bombenangriffen war, konnte die deutsche Versorgung praktisch ungehindert bis Domodossola transportiert werden. Über diesen Korridor wurden kriegswichtige Güter wie Kohle, Stahl oder ganze Maschinen von Deutschland in den Süden geschafft. Kein Wunder also, setzte das Salò-Regime alles daran, die Stabilität in der Region Ossola zu sichern.

Zwar gab es von faschistischer Seite in den 1930er- und 1940er-Jahren Pläne, das Tessin zu annektieren, doch zu mehr als lauter Propaganda kam es nicht. Einerseits wäre der militärische Aufwand für die Italiener enorm gewesen, da die Alpen den Verteidigern grosse Vorteile gebracht hätten. Andererseits profitierten die Achsenmächte wirtschaftlich mehr von einer unabhängigen und neutralen Schweiz. Trotzdem war die nahe Grenze für die Faschisten problematisch.

Bereits 1932 hatte das faschistische Regime von Mussolini die Emigration stark eingeschränkt. Einerseits empfand der *Duce* die Auswanderung generell als Schwäche, andererseits benötigte Italiens Wirtschaft dringend Arbeitskräfte. Die Angst vor Spionage und vor einer starken

Opposition im Ausland führten zu einer weiteren Erhöhung der Militärpräsenz. Das zivile Leben wurde durch häufige Kontrollen massiv eingeschränkt. Dies bewirkte in der Bevölkerung der Ossolaregion wachsenden Unmut und eine immer stärker werdende Abneigung gegenüber dem faschistischen Regime. Genährt wurden diese Ressentiments ausserdem durch die zunehmende Verschlechterung der wirtschaftlichen Gesamtlage. Viele Rohstoffe wurden für militärische Zwecke requiriert und zahlreiche Männer für den Dienst in der wenig erfolgreichen italienischen Armee (Kapitel 1) eingezogen. Produkte des täglichen Lebens wurden knapp und deshalb bald rationiert. Zudem stiegen die Preise rasant an und trieben viele Familien in die Armut.

Von diesem Unmut profitierte vor allem der Widerstand, der ab dem Spätherbst 1943 an Stärke und Schlagkraft gewann und ein Jahr danach mit der Etablierung der Partisanenrepublik Ossola schliesslich sogar einen grossen Sieg über die deutschen und faschistischen Besatzer erringen konnte.

Die Schweiz zu Beginn des Kriegs

Während des Zweiten Weltkriegs waren Schweizer Truppen und Soldaten immer wieder an den Geschehnissen im Ossolagebiet beteiligt. Die rund 150 Kilometer lange Grenze der Kantone Wallis (90km) und Tessin (60km) zur Nachbarregion machte ein Wegsehen unmöglich. Gleichzeitig befand sich die Kommandozentrale der Schweizer Armee «ennet den Alpen» und hatte wenig Sensibilität für die Walliser Eigenheiten und die Tessiner Mentalität. Dies führte immer wieder zu Spannungen und Missverständnissen.

Am 1. September 1939 wurde die erste Schweizer Generalmobilmachung verfügt. 430000 Soldaten sowie 200000 Hilfskräfte traten in den Aktivdienst ein. Dieser Dienst glich allerdings eher einer verlängerten Ausbildung, denn mangels militärischer Beteiligung am Kriegsgeschehen mussten die Einberufenen mit Drill, schwerer körperlicher Arbeit und endlosen Märschen erst «kriegstüchtig» gemacht werden. Im No-

Schweizer Soldaten studieren im Mai 1940 den Plan der zweiten grossen Mobilmachung.

Der Zürcher Tonhallenplatz (heute Sechseläutenplatz) wurde während des Zweiten Weltkriegs als Kartoffelfeld genutzt. Das Bild entstand um 1940.

vember wurde ein grosser Teil der Soldaten wieder entlassen. Die Verschärfung der Kriegssituation in Europa, insbesondere die deutschen Angriffe auf Dänemark, Norwegen, Belgien, die Niederlande und Frankreich, machte am 1. Mai 1940 eine zweite Generalmobilmachung notwendig. Neben den Männern des Aktivdienstes wurden verschiedene Hilfsdienste aufgebaut, die sich meist aus ehemaligen Soldaten, Frauen oder Jugendlichen ab 16 Jahren zusammensetzten.

Die Eidgenossenschaft und mit ihr auch die Kantone Wallis und Tessin traten ab 1939 sofort in eine totale «Kriegswirtschaft» ein. Die Schweiz hatte die Lehren aus dem Ersten Weltkrieg gezogen, als sie wirtschaftlich schlecht aufgestellt war. Die Strategie der Selbstversorgung war die Reaktion auf ein Europa, das von nationalsozialistischen und faschistischen Diktaturen kontrolliert wurde. Kriegswirtschaft bedeutete für die Zivilbevölkerung vor allem Einschränkungen in Form von Rationierungen der Produkte des täglichen Lebens. Gleichzeitig wurden Wirtschaftsprogramme wie der «Plan Wahlen» des Agrarexperten Friedrich Traugott Wahlen, besser bekannt unter der Bezeichnung «Anbauschlacht», zur Bewältigung einer ungewissen Zukunft aufgebaut. Neben der Produktion von Lebensmitteln wurde auch weiterhin kräftig in die Rüstung investiert.

General Henri Guisan, seit Ende August 1939 oberster Befehlshaber der Schweizer Armee, besuchte die Region Locarno im November zum ersten Mal. Dabei unterstrich der Romand die Wichtigkeit der nahen Grenze. Er sollte Recht behalten. Acht Monate später, im Juli 1940, betonte er in einer Rede im Tessin erneut die Bedeutung der Grenze zu Italien, die der General als «Bollwerk gegen jede Bedrohung aus dem Süden» bezeichnete.

Doch die Bedrohung kam nicht nur aus dem Süden, sondern aus allen Himmelsrichtungen. Die Schweiz wurde zunehmend isoliert und war nach dem Fall von Vichy-Frankreich im November 1942 vollständig von Achsenmächten umgeben. Henri Guisan realisierte, dass die alten Verteidigungstaktiken nicht mehr ausreichen würden. Er befahl deshalb 1943 die Aufstellung von Truppen mit speziellen Fähigkeiten wie dem Nah- oder Häuserkampf: die Grenadiere. Die erste Rekruten-

Zwei Schweizer Grenadiere während der RS 1944 im Gebiet von Locarno. Der vordere Soldat trägt einen Flammenwerfer mit charakteristischen Doppel-Druckflaschen auf dem Rücken.

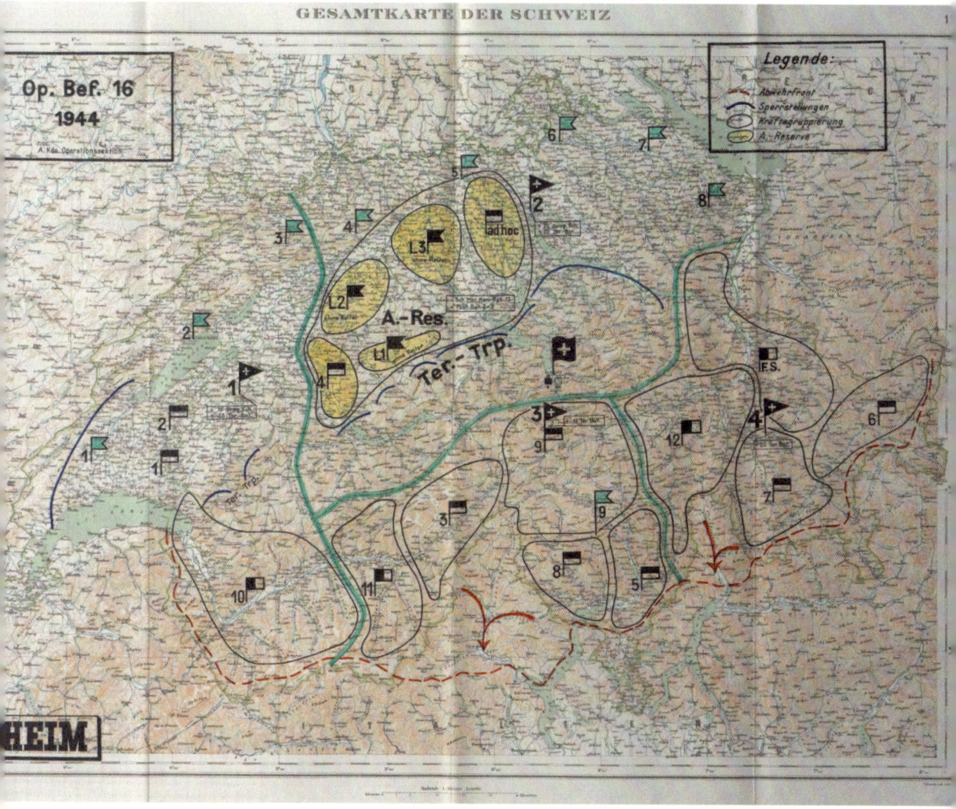

Nach den Ereignissen im Herbst 1943 entwickelte General Guisan für die Südfront das Konzept der «vorgeschobenen Verteidigung». Der Operationsbefehl 16 «Aufmarsch Süd» vom Januar 1944 sah vor, bei einer Bedrohung die Grenze zur Ossolaregion zu überschreiten. Das 3. Armeekorps sollte eine neue Verteidigungslinie zwischen dem Antigoriotal und Pallanza bilden, teilweise unter Nutzung der Linea Cadorna. Guisan blieb jedoch skeptisch, ob der Bundesrat eine solche Offensive jenseits der traditionellen Neutralitätspolitik jemals genehmigen würde.

schule dieser Spezialeinheit fand noch im gleichen Jahr in der Tessiner Gemeinde Locarno statt. Da es schnell gehen musste, war die Organisation der Ausbildung eher eine Improvisation. Die Rekruten schliefen in Schulhäusern, die Offiziere in Privatunterkünften. Erst gegen Ende der 1940er-Jahren wurde das Ausbildungszentrum nach Losone verlegt, wo die Soldaten optimale Trainingsbedingungen für die Nahkampfausbildung vorfanden. Dort konnten sie ausserdem von der bereits bestehenden Infrastruktur des ehemaligen Internierungslagers profitieren. Ab 1941 waren in Losone-Arbigo rund 1000 polnische und ein gutes Dutzend ukrainische Soldaten interniert worden.

Zu den ersten Einsätzen der Grenadiere gehörte die Grenzsicherung im Oktober 1944 bei den Bagni di Craveggia. Deutsche und faschistische Soldaten verfolgten flüchtenden Partisanen (siehe Kapitel 6), die sich ins Tessin retten wollten, und schossen dabei auch auf Menschen, die sich bereits auf Schweizer Boden befanden. Die italienischen Faschisten forderten die Auslieferung der Widerstandskämpfer, die Schweizer lehnten dies jedoch ab. Weil die Grenze militärisch gut gesichert war, unter anderen durch besagte Grenadiere, zogen die Faschisten schliesslich unverrichteter Dinge wieder ab.

Wahlen, Friedrich Traugott (1899–1985)

Wahlen war Leiter der Landwirtschaftlichen Versuchsanstalt in Zürich, Chef der Abteilung für landwirtschaftliche Produktion und Hauswirtschaft im Kriegsernährungsamt und Professor für Pflanzenbaulehre an der Eidgenössischen Technischen Hochschule (ETH). Er plante bereits in den 1930er-Jahren die Selbstversorgung der Schweiz mit Grundnahrungsmitteln und war die treibende Kraft der Schweizer «Anbauschlacht» während des Zweiten Weltkriegs. Zwischen 1959 und 1965 war Wahlen Mitglied des Bundesrats.

Guisan, Henri (1874–1960)

Guisan war General der Schweizer Armee während des Zweiten Weltkriegs. Der Westschweizer stärkte den Widerstandsgeist des Landes durch die sogenannte *Réduit*-Strategie, die vorsah, die Verteidigung der Schweiz in die Alpen zu verlagern. Henri Guisan gilt als Symbol für den Schweizer Wehrwillen und für die nationale Einheit.

Lungolago, Verbania, 20. Juni 1944, nachmittags: Eine Gruppe von 45 Leuten wartet auf ihre Hinrichtung. Diese wird um 18 Uhr im einige Kilometer entfernten Fondotoce stattfinden. Dort wird auch die einzige Frau, Cleonice Tomassetti (vorne mit gesenktem Kopf), getötet werden. Bewacht wird die Gruppe von Offizieren und Soldaten des SS-Polizei-Regiments 15.

3

KRIEGSVERBRECHEN VOR DEN TOREN DER SCHWEIZ

Am 25. Juli 1943 wurde Benito Mussolini durch den sogenannten Antrag *Ordine Grandi* des gleichnamigen Senators DINO GRANDI abgesetzt. Der frühere Weggefährte des *Duce,* mit dem er 1925 an die Friedenskonferenz von Locarno gereist war, hatte sich gegen Mussolini gewandt und den Faschistischen Grossen Rat von einer Absetzung überzeugt. In der Ossolaregion war von diesem Putsch gegen den *Duce* nicht viel zu spüren. Es gab keine gewalttätigen Zwischenfälle und keine Abrechnung mit den Faschisten. 45 Tage später, am 8. September, änderte sich dies schlagartig. An diesem Spätsommertag trat der Waffenstillstand zwischen Italien und den Alliierten in Kraft. Er war von PIETRO BADOGLIOS Übergangsregierung mit der Zustimmung von König Viktor Emanuel III. unterzeichnet worden.

In diesem September 1943 lebten knapp 80 000 Menschen im Ossolagebiet. Ein Teil davon waren Süditalienerinnen und Süditaliener, die wegen der sich nordwärts schiebenden Kriegsfront nicht in ihre Heimat zurückkehren konnten. Ebenfalls waren einige tausend Menschen aus grösseren italienischen Städten der Poebene wegen der ständigen Bombardements der Alliierten in die Region rund um Domodossola geflüchtet.

Die Deutschen reagierten sofort auf den Waffenstillstand und begannen damit, Italien zu besetzen und seine Truppen zu entwaffnen. In weniger als zwei Wochen wurden mindestens 700 000 italienische Soldaten inhaftiert und als Militärinternierte ins Dritte Reich deportiert. Sie wurden danach in Arbeitskommandos eingeteilt und mussten in der Industrie, im Bergbau oder auf dem Bau arbeiten. Wer nicht parierte, wurde in ein Konzentrationslager abgeschoben. Es war ein kurzer und harter Prozess, durch den fast eine ganze Generation gewaltsam aus dem Land entfernt wurde. Die Deutschen agierten schnell, effizient und

Harald Mors (links neben Mussolini) posiert am 12. September 1943 nach der Befreiung des *Duce* auf dem *Gran Sasso* für ein Erinnerungsbild.

praktisch ohne Verluste. Einheiten wie die «SS-Panzergrenadierdivision Leibstandarte Adolf Hitler» (LSSAH) schafften es, rund 100 000 italienische Soldaten und Offiziere gefangen zu nehmen und dabei weniger als zehn eigene Leute zu verlieren.

Die restlichen italienischen Soldaten tauchten unter. Einige gingen in den Widerstand (Kapitel 4). Viele, rund 20 000 Männer, flohen in die Schweiz und wurden dort interniert. Die meisten von ihnen zogen in die Deutschschweiz, um genug Abstand zur Grenze und zur Heimat zu haben. Unter diesen Gefangenen war auch ein Mann namens Luigi Berlusconi zu finden. Der Vater des späteren italienischen Ministerpräsidenten Silvio Berlusconi hielt sich von 1943 bis 1945 in verschiedenen Lagern im bernischen Oberaargau, in Lausanne und in Freiburg auf, bevor er im Juli 1945 nach Italien zurückkehrte.

Im September 1943 kehrte auch ein anderer zurück auf die Politbühne: Benito Mussolini. Nach seiner Absetzung im Juli war der *Duce* verhaftet und auf die Insel Ponza vor Rom gebracht worden. Von dort verlegten ihn die italienischen Behörden nach Sardinien und Ende August auf den *Gran Sasso,* einen über 2000 Meter hohen und ziemlich abgelegenen Berg in den Abruzzen. Doch die Deutschen fanden schnell heraus, wo Mussolini gefangen gehalten wurde. In einer spektakulären Aktion landeten zehn deutsche Lastensegler am 12. September 1943 auf dem Bergplateau des *Gran Sasso*. Die aus den Segelfliegern herausstürmenden deutschen Fallschirmjäger überwältigten die Wachen und befreiten Benito Mussolini aus seiner Gefangenschaft. Geplant hatte dieses Husarenstück ein deutscher Major der Luftwaffe mit Wurzeln in der Westschweiz: HARALD MORS. Mors' Mutter stammte aus Lutry bei Lausanne und hatte einen deutschen Offizier geheiratet. Bis 1923 lebte Harald Mors in Lausanne und sprach deshalb perfekt Französisch. Danach zog die Familie nach Deutschland und Mors trat einige Jahre später in die deutsche Luftwaffe ein.

Die Befreiung des *Duce* ermöglichte es Adolf Hitler, noch im September 1943 im Norden des Landes ein faschistisches Regime mit Mussolini an der Spitze zu installieren. Der Marionettenstaat sollte die deutsche Besatzung in Italien etwas verschleiern und einen Abwehrraum zu

Judenverfolgung in Italien?

Das Luganeser Blatt „Libera Stampa" bringt einen Spezialbericht aus Chiasso, laut welchem die S. S.-Truppen im Einverständnis mit den Fascisten in der Gegend vom Lago Maggiore begonnen haben, alle Juden — die italienischen wie auch die ausländischen — zu verhaften. Die Listen ihrer Opfer hätten sie von den Gemeindebehörden erhalten. Den Juden sei der ganze Besitz genommen worden, und zwar mit der Begründung, daß alles jüdische Besitztum „Eigentum der deutschen Regierung" sei. Man vernehme, daß sehr viele Juden bereits ermordet wurden. Ihre Leichen seien teilweise verbrannt oder in den See geworfen worden. Die Judenverfolgung werde sich allmählich auf ganz Oberitalien erstrecken. Aus dem Piemont und der Lombardei kämen Nachrichten, daß dort viele Juden ohne Unterschied des Alters oder der Nationalität erschossen wurden.

Am 15. Oktober 1943 berichtete das «Geschäftsblatt für den oberen Teil des Kantons Bern» über die Ereignisse am Lago Maggiore.

den vorrückenden Alliierten bilden. Die Mussolini-Truppen waren später massgeblich an der Bekämpfung der Partisanen beteiligt und gingen dabei oft brutaler vor als ihre deutschen Verbündeten.

Im Herbst 1943 begannen sich in Nord- und Mittelitalien Partisanenverbände zu bilden. Sie sollten die deutschen Besatzer in den folgenden zwanzig Monaten in zahlreiche Kämpfe verwickeln. Der Aufbau des Widerstands verlief jedoch eher schleppend. Da die meisten italienischen Soldaten von den Deutschen gefangengenommen worden oder in die Schweiz geflüchtet waren, fehlte vor allem eines: die Kriegserfahrung. Zudem waren die Kombattanten schlecht ausgerüstet. Dies sollte sich erst in den kommenden Monaten langsam ändern.

Judenverfolgung am Lago Maggiore

Die massive deutsche Militärpräsenz vor den Toren der Schweiz führte schon bald zu einer Eskalationsspirale. Es kam zu Repressalien und Kriegsverbrechen. Zu den ersten Opfern gehörten wohlhabende jüdische Familien, welche zuvor an den vermeintlich sicheren Lago Maggiore geflohen waren. Die Männer der LSSAH erkannten diese «leichte Beute» schnell und traten sofort in Aktion. Bis Anfang Oktober 1943 töteten sie mindestens 57 Jüdinnen und Juden. Ihre Leichen verbrannten sie auf Schulhöfen in Verbania oder warfen sie bei Meina, 15 Kilometer südlich, in den See.

Die LSSAH hatte während der «Operation Zitadelle» im Juli 1943 an der Ostfront bei Kursk schwere Verluste erlitten und sollte neu aufgestellt werden. Aus diesem Grund war das Waffen-SS-Bataillon in die Region Arona-Meina-Verbania verlegt worden. Das grausame Vorgehen der Deutschen wurde jedoch schnell bekannt und Schweizer Medien wie die Tessiner *Libera Stampa* griffen das Thema auf. Die Verantwortlichen sahen sich deshalb gezwungen, eine interne Untersuchung einzuleiten. Diese verlief wenig überraschend ergebnislos und bereits Ende Oktober 1943 wurde die Leibstandarte zurück an die Ostfront geschickt, wo sich die Kriegssituation für die deutschen Truppen zunehmend verschlechterte.

Nach dem Krieg wurden die Taten der LSSAH erneut untersucht. Dieses Mal strafrechtlich. Es kam zu zwei Prozessen. Der erste fand 1954 in Klagenfurt und später in Turin statt. Dabei wurde SS-Untersturmführer GOTTFRIED MEIR zu lebenslanger Haft in Abwesenheit verurteilt. In Abwesenheit deshalb, weil Österreich eine Auslieferung des Mannes strikt ablehnte.

Der zweite Prozess mit unzähligen Zeugen ging von 1964 bis 1968 in Osnabrück über die Bühne. Dabei wurden drei Offiziere und zwei Unteroffiziere der LSSAH angeklagt, die für mindestens 17 Morde am Lago Maggiore verantwortlich gewesen waren. Unter den Opfern hatten sich auch viele Frauen und Kinder befunden. Die Täter wurden zwar zu lebenslanger Haft verurteilt, allerdings hatte dieser Schuldspruch nicht lange Bestand. 1968 hatte der Deutsche Bundestag das Einführungsgesetz zum Gesetz über Ordnungswidrigkeiten (EGOWiG) beschlossen. In diesem sogenannten «Dreher-Gesetz», benannt nach Eduard Dreher, einem Unterabteilungsleiter im Bundesjustizministerium, wurde die Gleichstellung von Tätern und Tatgehilfen aufgehoben. Nur wem ein persönliches Interesse wie Rassenhass oder eine grausame Tatausführung nachgewiesen werden konnte, wurde fortan noch wegen Mordes angeklagt. Alle anderen Beteiligten hatten in den Augen der deutschen Justiz «nur Beihilfe» geleistet. Und weil die Verjährungsfrist dafür 15 Jahre betrug, und diese Frist bereits 1960 verstrichen war, schützte die Gesetzesänderung auf einen Schlag tausende von NS-Verbrecher vor einer weiteren Strafverfolgung. So auch die Verurteilten von Osnabrück, die bereits 1970 wieder freikamen und vollständig amnestiert wurden. Aus den Gerichtsdokumenten geht hervor, dass mindestens zwei dieser SS-Offiziere zwischen 1950 und 1965 mehrmals für Sommerferien an den Lago Maggiore zurückkehrten.

Der Fall Egone Gruenberger

Die Gegend um den Lago Maggiore hat auch im Leben von EGONE GRUENBERGER aus Istrien, das damals noch zu Italien gehörte, eine entscheidende Rolle gespielt. Um den Nazis zu entkommen, hatte er

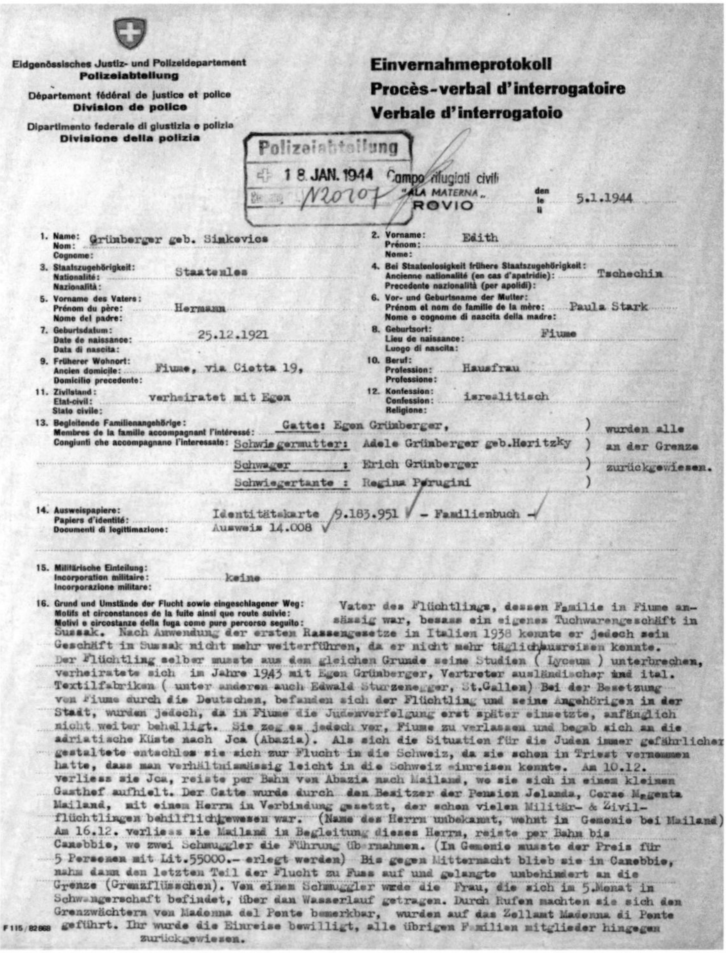

Eidgenössisches Justiz- und Polizeidepartement
Polizeiabteilung
Département fédéral de justice et police
Division de police
Dipartimento federale di giustizia e polizia
Divisione della polizia

Einvernahmeprotokoll
Procès-verbal d'interrogatoire
Verbale d'interrogatoio

Polizeiabteilung
18. JAN. 1944
Campo rifugiati civili
"ALA MATERNA"
ROVIO

den / le / il 5.1.1944

1. Name / Nom / Cognome: Grünberger geb. Simkovics
2. Vorname / Prénom / Nome: Edith
3. Staatszugehörigkeit / Nationalité / Nazionalità: Staatenlos
4. Bei Staatenlosigkeit frühere Staatszugehörigkeit / Ancienne nationalité (en cas d'apatridie) / Precedente nazionalità (per apolidi): Tschechin
5. Vorname des Vaters / Prénom du père / Nome del padre: Hermann
6. Vor- und Geburtsname der Mutter / Prénom et nom de famille de la mère / Nome e cognome di nascita della madre: Paula Stark
7. Geburtsdatum / Date de naissance / Data di nascita: 25.12.1921
8. Geburtsort / Lieu de naissance / Luogo di nascita: Fiume
9. Früherer Wohnort / Ancien domicile / Domicilio precedente: Fiume, via Cietta 19,
10. Beruf / Profession / Professione: Hausfrau
11. Zivilstand / Etat-civil / Stato civile: verheiratet mit Egon
12. Konfession / Confession / Religione: isrealitisch
13. Begleitende Familienangehörige / Membres de la famille accompagnant l'intéressé / Congiunti che accompagnano l'interessato:
Gatte: Egon Grünberger,) wurden alle
Schwiegermutter: Adele Grünberger geb.Heritzky) an der Grenze
Schwager : Erich Grünberger) zurückgewiesen.
Schwiegertante : Regina Perugini)
14. Ausweispapiere / Papiers d'identité / Documenti di legittimazione: Identitätskarte 9.183.951 – Familienbuch – Ausweis 14.008
15. Militärische Einteilung / Incorporation militaire / Incorporazione militare: keine
16. Grund und Umstände der Flucht sowie eingeschlagener Weg / Motifs et circonstances de la fuite ainsi que route suivie / Motivi e circostanze della fuga come pure percorso seguito: Vater des Flüchtlings, dessen Familie in Fiume ansässig war, besass ein eigenes Tuchwarengeschäft in Sussak. Nach Anwendung der ersten Rassengesetze in Italien 1938 konnte er jedoch sein Geschäft in Sussak nicht mehr weiterführen, da er nicht mehr täglich ausreisen konnte. Der Flüchtling selber musste aus dem gleichen Grunde seine Studien (Lyceum) unterbrechen, verheiratete sich im Jahre 1943 mit Egon Grünberger, Vertreter ausländischer und ital. Textilfabriken (unter anderen auch Edwald Sturzenegger, St.Gallen) Bei der Besetzung von Fiume durch die Deutschen, befanden sich der Flüchtling und seine Angehörigen in der Stadt, wurden jedoch, da in Fiume die Judenverfolgung erst später einsetzte, anfänglich nicht weiter behelligt. Sie zog es jedoch vor, Fiume zu verlassen und begab sich an die adriatische Küste nach Jca (Abazia). Als sich die Situation für die Juden immer gefährlicher gestaltete entschloss sie sich zur Flucht in die Schweiz, da sie schon in Triest vernommen hatte, dass man verhältnismässig leicht in die Schweiz einreisen konnte. Am 10.12. verliess sie Jca, reiste per Bahn von Abazia nach Mailand, wo sie sich in einem kleinen Gasthof aufhielt. Der Gatte wurde durch den Besitzer der Pension Jolanda, Corso Magenta Mailand, mit einem Herrn in Verbindung gesetzt, der schon vielen Militär- & Zivilflüchtlingen behilflich gewesen war. (Name des Herrn unbekannt, wohnt in Gemonio bei Mailand) Am 16.12. verliess sie Mailand in Begleitung dieses Herrn, reiste per Bahn bis Canobbio, wo zwei Schmuggler die Führung übernahmen. (In Gemonio musste der Preis für 5 Personen mit Lit.55000.– erlegt werden) Bis gegen Mitternacht blieb sie in Canobbio, nahm dann den letzten Teil der Flucht zu Fuss auf und gelangte unbehindert an die Grenze (Grenzflüsschen). Von einem Schmuggler wurde die Frau, die sich im 5.Monat in Schwangerschaft befindet, über den Wasserlauf getragen. Durch Rufen machten sie sich den Grenzwächtern von Madonna del Ponte bemerkbar, wurden auf das Zollamt Madonna di Ponte geführt. Ihr wurde die Einreise bewilligt, alle übrigen Familienmitglieder hingegen zurückgewiesen.

F 115/82868

Einvernahmeprotokoll von Edith Gruenberger vom 5. Januar 1944.

sich mit seiner jüdischen Familie auf eine gefährliche Reise über Mailand und Cannobio in die Schweiz begeben. Der Stoffhändler pflegte Geschäftsbeziehungen mit der St. Galler Firma Eduard Sturzenegger AG, die noch bis 2007 existierte. Er hoffte deshalb, in der sicheren Schweiz bleiben zu können. Am 17. Dezember 1943 versuchte Egone gemeinsam mit seiner Frau Edith, der Mutter und der Tante sowie mit seinem Bruder die Grenze bei Brissago-Valmara zu überqueren. Sie hatten dafür die beträchtliche Summe von 55 000 Lire an zwei Schmuggler bezahlt. Das war ein astronomischer Preis, bedenkt man, dass ein italienischer Arbeiter damals zwischen 300 und 500 Lire pro Monat verdiente.

Die Hoffnungen der Gruenberger schwanden jedoch, als sie von Schweizer Grenzwachtsoldaten abgefangen und am nächsten Tag zurückgeschickt wurden. Da die beiden älteren Frauen die Strapazen einer erneuten Bergwanderung nicht mehr geschafft hätten, fuhr man die Familie per Boot über den Lago Maggiore nach Italien. In Dirinella-Zenna mussten sie die Grenze passieren. Nur Egones Frau Edith, im fünften Monat schwanger, durfte in der Schweiz bleiben. Die restlichen Familienmitglieder wurden in Varese inhaftiert, wo sie unter harten Bedingungen und ständiger Gewaltandrohung litten. Nach einigen Wochen verlegte man Egone Gruenberger ins berüchtigte Mailänder Gefängnis *San Vittore.* Ein erster Fluchtversuch scheiterte.

Ende Januar 1944 sollte Egone nach Auschwitz-Birkenau deportiert werden. Der Zug mit rund 650 Gefangenen, darunter viele Menschen, die an der Tessiner Grenze abgewiesen worden waren, fuhr Richtung Polen los. Nur sehr wenige wie die damals 13-jährige Italienerin Liliana Segre, die kurz zuvor an der Tessiner Grenze in Arzo bei Mendrisio zurückgewiesen worden war, überlebten das Grauen in den Konzentrationslagern. Nach dem Krieg kehrte sie zurück und gilt seither als eine der wichtigsten Zeitzeuginnen der Shoah in Italien und ganz Europa.

In Cerea, in der Nähe von Verona, ergriff Egone die Gelegenheit, mit zwei anderen Männern aus dem fahrenden Zug zu springen und zu fliehen. Einige Wochen später war er zurück in Mailand und erhielt Unterschlupf in einem Netzwerk von Widerstandskämpfern. Sie gaben ihm eine falsche Identität, mit der er in die Schweiz flüchten sollte. Auch in Masera bei Domodossola, nahe der Schweizer Grenze, konnte der Verfolgte auf die Unterstützung von Partisanen zählen. Die Widerstandskämpfer führten Gruenberger auf den entlegensten Routen durch die Berge der oberen Ossolaregion, vorbei an den Bagni di Craveggia über die Schweizer Grenze bis nach Spruga im Onsernonetal. Nach einem zwei Tage dauernden, zermürbenden Fussmarsch konnte sich Egone Gruenberger schliesslich am 19. Februar 1944 in Sicherheit bringen: Dieses Mal nahmen ihn die Schweizer Behörden auf.

Die SS unterstützt den überforderten Grenzschutz

Die gesamte Ossolaregion wurde im Herbst 1943 zunächst von deutschen Zollgrenzschutz-Truppen besetzt. Die älteren Beamten eilten aus Frankreich heran und mussten dafür teilweise kilometerlange Fussmärsche auf sich nehmen, da der knappe Treibstoff für die Front reserviert war. Die Besetzung Italiens war militärisch gut vorbereitet und effizient umgesetzt worden. Die längerfristige Kontrolle der Gebiete war jedoch eine ganz andere Sache. Sowohl die heterogene Zusammensetzung der Truppen als auch der chronische Mangel an Treibstoff zeigen, dass die Besatzungsmacht nicht über genügend Ressourcen für eine dauerhafte Kontrolle verfügte.

Die Deutschen erkannten schnell, dass zur Bekämpfung der von Woche zu Woche stärker werdenden Partisanenverbände bessere und kampferprobte Soldaten nötig waren. Auch, um später nicht noch mehr Ressourcen investieren zu müssen, wollte man den Widerstand bereits im Keim ersticken. Im Winter 1943/44 wurde von Heinrich Himmler, Reichsführer SS und höchster Polizist im NS-Staat, und SS-General Karl Wolff ein Stab zur «Bandenbekämpfung Italien West» eingerichtet, um die Partisanentätigkeiten in der Region einzudämmen (Kapitel 6). Bereits im Januar 1944 wurden erste Einheiten der SS-Polizei im Ossolagebiet aktiv. Diese Männer hatten an der Ostfront Erfahrungen mit der Verfolgung und Ermordung von Zivilisten, Juden und

Am 23. Juni 1944 richtete ein Exekutionskommando 15 Partisanen in Finero hin. Sie waren von den Besatzungstruppen während einer Razzia im Val Grande festgenommen worden.

in geringerem Masse auch von sowjetischen Partisanen gesammelt und kannten im Gegensatz zum Zollgrenzschutz nur wenig Skrupel.

Die SS-Polizei führte am 11. Februar 1944 in Megolo (Val Toce) eine erste grosse Razzia gegen den Partisanenkommandanten Filippo Beltrami durch. Während des gesamten Frühjahrs 1944 gab es weitere Operationen gegen die Widerstandskämpfer, die immer nach dem gleichen Muster verliefen: Hinrichtung der Partisanen und Deportation der männlichen Zivilbevölkerung ins Dritte Reich. Mit der Befreiung von Rom und der Landung der Alliierten in der Normandie begann sich die Spirale der Gewalt im Juni 1944 noch schneller zu drehen. Nördlich von Intra, im Val Grande, wurden im Juni mindestens 200 Partisanen und Zivilisten getötet.

Die Täter waren hauptsächlich SS-Polizisten. Niemand ist jemals für diese Taten verurteilt worden. Die italienischen Ermittlungen der Militärstaatsanwaltschaft wurden nach dem Krieg sehr schnell sistiert und verschwanden im sogenannten Schrank der Schande *(Armadio della Vergogna)*. Dieser wurde 1994 im Palazzo Cesi in Rom entdeckt. Der Schrank enthielt über 2000 Akten zu Kriegsverbrechen, die zwischen 1943 und 1945 in Italien begangen worden waren. Hauptakteure dieser Taten waren die Wehrmacht, die SS und Einheiten der faschistischen Milizen. Die Dokumente waren von den italienischen Behörden bewusst archiviert und vor allem ignoriert worden. Zu schwer wogen die wirtschaftlichen Interessen an einvernehmlichen Beziehungen mit dem aufstrebenden Nachkriegsdeutschland, zu stark war ausserdem der italienische Wille, die eigene Rolle als Verbündeter der Nationalsozialisten klein zu halten.

Diese Verbündeten waren im Sommer 1944 gnadenlos gegen den Widerstand in Norditalien vorgegangen. Sie brannten Dörfer nieder, richteten als Vergeltungsmassnahmen Menschen hin und verschonten selbst alte Männer und Frauen nicht, die in Arbeitslager ins Deutsche Reich deportiert wurden.

In diesem Ausnahmezustand waren es jedoch nicht nur die Besatzungstruppen, die Vergeltungsaktionen begingen. Auch die Partisanen kämpften ohne Rücksicht auf Verluste. Im Juli 1944 griffen sie beispielsweise einen Zug an, der Richtung Domodossola fuhr. Dabei töteten die Widerstandskämpfer 17 junge italienische Faschisten, die in diesem Konflikt bisher keine Rolle gespielt hatten. Unmittelbar nach dem Ende des Zweiten Weltkriegs häuften sich ausserdem Vergeltungsaktionen gegen Mitglieder der Schwarzen Brigaden (Kapitel 5).

Mors, Harald (1910–2001)

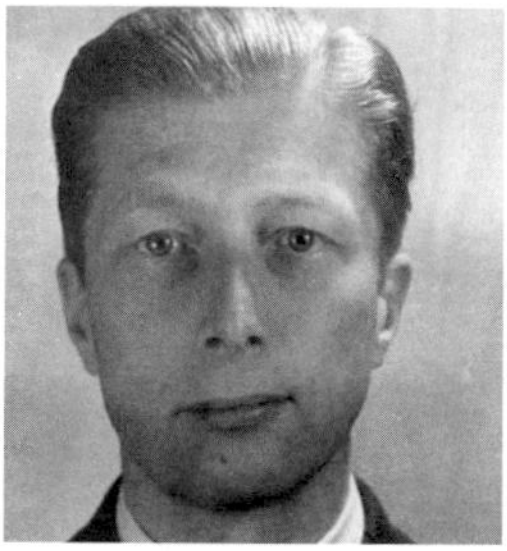

Mors war ein deutscher Major der Fallschirmjägertruppe und galt als der eigentliche Planer und militärische Leiter der Befreiung Benito Mussolinis im September 1943. Obwohl der in Lausanne aufgewachsene Harald Mors die operative Leitung innehatte, wurde der Erfolg lange Zeit SS-Obersturmbannführer Otto Skorzeny zugeschrieben. Dieser hatte sich in den Vordergrund gedrängt und stieg als «Befreier des Duce» in der Gunst von Heinrich Himmler. Auch, weil er so die Strategie des Reichsführers SS unterstützte, der jede Gelegenheit nutzte, seine Organisation als schlagkräftige Alternative zur Wehrmacht zu präsentieren. Mors blieb im Hintergrund. Er war einige Jahre früher für seinen Dienst als Fallschirmjäger mit dem Eisernen Kreuz I. und II. Klasse ausgezeichnet worden. Nach dem Krieg trat Harald Mors in die Bundeswehr ein, wo er den Rang eines Obersten innehatte und später für den Nachrichtendienst arbeitete. Wegen seiner ausgezeichneten Sprachkenntnisse wurde er bald nach seinem Eintritt für den nachrichtendienstlichen Austausch innerhalb der NATO eingesetzt und arbeitete dort bis zu seiner Pensionierung 1965. Harald Mors brach seine Beziehung zur Schweiz nie ganz ab. So erwarb er 1951 in Rekordzeit die Privatpilotenlizenz in Bern-Belp. Mors starb 2001 in Bayern.

Grandi, Dino (1895–1988)

Grandi war ein Politiker, der in den Anfängen des italienischen Faschismus eine enge Beziehung mit Benito Mussolini pflegte. Er war unter anderem Aussenminister (1929–1932) und Justizminister (1943). Dino Grandi war 1943 Hauptverantwortlicher für den Sturz des *Duce*. Nach dem Krieg ging er ins Exil nach Südamerika.

Meir, Gottfried (1911–1970)

Meir war als 18-Jähriger in die SA eingetreten. Wegen der Teilnahme am nationalsozialistischen Juliputsch 1934 in Österreich wurde er im selben Jahr wegen Hochverrats zu einer 16-jährigen Haftstrafe verurteilt. Nach nur zwei Jahren wurde Gottfried Meir begnadigt und trat in die SS ein. Als Mitglied der «Leibstandarte SS Adolf Hitler» war er an den Massenmorden von 1943 am Lago Maggiore beteiligt. Nach dem Krieg wurde der Östereicher Direktor einer Volksschule in Kärnten. Gegen Meir wurden 1954 und 1955 zwei Prozesse geführt. Im ersten in Graz wurde er mangels Beweisen freigesprochen. Ein Gericht in Turin verurteilte den SS-Untersturmführer (Leutnant) zwar zu einer lebenslangen Haftstrafe. Da ihn Österreich jedoch nicht auslieferte, war dieser Schuldspruch wirkungslos.

Badoglio, Pietro (1871–1956)

Badoglio war ein italienischer General und Politiker. Er kommandierte den Abessinienfeldzug (1935–1936). Pietro Badoglio hielt nichts von Italiens Kriegseintritt 1940 und wurde aus der Armee entlassen. Nach der Absetzung Benito Mussolinis wurde er von König Viktor Emanuel III. zum Ministerpräsidenten Italiens ernannt. Badoglios Regierungszeit war chaotisch und endete bereits im Juni 1944 durch seine Absetzung.

Gruenberger, Egone (1920–1988)

Gruenberger war Stoffhändler jüdischer Herkunft. Er wurde 1943 an der Grenze bei Brissago von Schweizer Grenzwächtern zurückgewiesen. Danach verhafteten ihn die Deutschen und wollten ihn nach Auschwitz deportieren. Auf der Zugfahrt ins KZ gelang Egone Gruenberger bei Verona die Flucht. Im Februar 1944 konnte er sich schliesslich doch noch in die Schweiz retten. Dort blieb er bis September 1945. Nach dem Krieg kehrte Egone Gruenberger nach Italien zurück und arbeitete in Mailand im Bereich Handel und Transport.

Segre, Liliana (geb. 1930)

Segre wurde am 8. Januar 1944 an der Tessiner Grenze bei Arzo (Mendrisio) zurückgewiesen. Am 31. Januar 1944 wurde sie nach Auschwitz deportiert, wo ihr Vater und zwei Onkel ermordet wurden. Das Mädchen überlebte und war eine der wenigen italienischen Deportierten, die aus dem Konzentrationslager zurückkehrten. Nach langem Schweigen begann sie in den 1990er-Jahren als Zeitzeugin zu sprechen. 2018 ernannte der italienische Präsident Sergio Mattarella sie zur Senatorin auf Lebenszeit. Liliana Segre setzt sich unermüdlich gegen Rassismus und Antisemitismus ein und gründete eine parlamentarische Kommission gegen Hassverbrechen. Sie lebt in Rom.

Himmler, Heinrich (1900–1945)

Himmler war Chef der SS, der Gestapo, aller Polizeieinheiten sowie des Sicherheitsdiensts und damit einer der Hauptverantwortlichen der Partisanenbekämpfung. Der Reichsführer SS war neben Adolf Hitler der mächtigste Mann im Dritten Reich. Er beging 1945 Selbstmord.

Wolff, Karl (1900–1984)

Wolff war General der Waffen-SS und ab Juli 1943 oberster Polizeiführer in Italien und damit direkt Heinrich Himmler unterstellt. Er hatte das Kommando über die Partisanenbekämpfung in den von Deutschland besetzten Gebieten Italiens. Gegen Ende des Kriegs verhandelte Wolff in Ascona mit den Alliierten über eine Kapitulation der Deutschen in Italien. Diese erfolgte schliesslich am 29. April 1945 in Caserta und verkürzte die Kampfhandlungen auf der italienischen Halbinsel um einige Tage. Diese geheimen Verhandlungen gingen unter dem Namen «Operation Sunrise» in die Geschichte ein.

Beltrami, Filippo (1908–1944)

Beltrami war ein Architekt aus Mailand. In der italienischen Armee stieg er schnell zum Artillerieoffizier auf. Nach dem Waffenstillstand zwischen den Alliierten und Italien vom 8. September 1943 und der heftigen Reaktion der Deutschen, wechselte Filippo Beltrami in den Widerstand. Mit einigen weiteren Soldaten zog er sich in die Region Ossola zurück. Dort gründete er eine politisch unabhängige Partisanenformation. Im Februar 1944 wurde Beltrami in Megolo von deutschen und faschistischen Soldaten getötet.

Ossolanische Partisanen, fotografiert im Oktober 1944. Gut zu erkennen ist die unterschiedliche Bewaffnung der Männer. Diese Heterogenität machte die Versorgung der Widerstandskämpfer mit der richtigen Munition sehr schwierig.

4
DIE PARTISANEN DER REGION OSSOLA

Die Partisanentätigkeit in der Region Ossola begann kurz nach dem am 8. September 1943 vereinbarten Waffenstillstand (Kapitel 3). Die alpine Umgebung begünstigte zwar den Kampf mittels Guerillataktik: Kleine und mobile Einheiten konnten flexibel agieren und sich schnell zurückziehen. Allerdings verlief die Anfangsphase des Widerstands ziemlich harzig. Es fehlte nicht nur an Waffen und Munition, sondern vor allem an geeigneten Leuten. Praktisch die ganze Generation der zwischen 1900 und 1915 geborenen Männer war von den Deutschen gefangen genommen und in Arbeitslager deportiert worden. Diese Soldaten und Offiziere, die im Ersten Weltkrieg, in den Kolonialkriegen in Nordafrika, im Spanischen Bürgerkrieg (1936–1939) sowie auf dem Balkan und an der Ostfront gekämpft hatten, fehlten fast vollständig. Und mit ihnen auch das Wissen und die Kriegserfahrung, die für eine erfolgreiche Partisanentätigkeit dringend nötig gewesen wären.

Der Widerstand formierte sich im Spätherbst 1943 daher eher langsam. Erste Aktionen waren kleinere Anschläge oder Entführungen von Soldaten, um eigene Gefangene freizupressen. Mit den Wochen und Monaten wurden die Widerstandskämpfer mutiger. Zu einer ersten grösseren Auseinandersetzung kam es am 8. November in Villadossola, einem Arbeiterstädtchen rund sechs Kilometer südlich von Domodossola. Etwa zwanzig Partisanen, unterstützt von der örtlichen Bevölkerung, griffen verschiedene Ziele in der Stadt an, darunter Fabriken, Polizeiwachen und das örtliche Postbüro. Doch die deutschen Besatzer und ihre Salò-Verbündeten schlugen bereits einen Tag später zurück – mit der Unterstützung von Jagdbombern, die von Cameri-Novara aus gestartet waren. Am 11. November 1943 wurden als Vergeltung sechs Personen in Pallanzeno hingerichtet. Damit waren die Repressalien allerdings noch nicht zu Ende. Bis Dezember wurden insgesamt dreissig Widerstandskämpfer entweder exekutiert oder ins Dritte Reich deportiert.

Ab dem Frühjahr 1944 agierten dann mehrere, grössere Partisanenformationen mit unterschiedlichen politischen Gesinnungen im Ossolagebiet. Die Berechnung der tatsächlichen Kräfte ist allerdings schwierig. Es war eine gängige Praxis der Widerstandsgruppierungen, militärische Bezeichnungen für ihre Einheiten zu verwenden. So wurden einige Dutzend Partisanen bereits als Brigade und einige hundert Kämpfer schon als Division bezeichnet. Ihre Grösse entsprach jedoch in keinster Weise den militärischen Standards. Zur Zeit des Zweiten Weltkriegs hatte eine Brigade die Stärke von 3000 bis 5000 Soldaten und eine Division verfügte über 10000 bis 20000 Mann. Die Übertreibungen der Partisanen sollten die gegnerischen Kräfte verwirren und abschrecken sowie die Alliierten (Kapitel 8) dazu bewegen, mehr Material zu liefern. 1944 waren die wichtigsten Partisanengruppen der Region folgende:

Die Division *Valdossola* war eine rund 700 Personen starke Gruppe, die Dionigi Superti anführte. Die politische Gesinnung der Mitglieder war gemischt, doch eine Mehrzahl der Partisanen verstand sich als Christdemokraten. Die *Valdossola* war bereits 1943 gegründet worden und bestand zu grossen Teilen aus ehemaligen italienischen Soldaten. Diese Widerstandskämpfer agierten unter der Leitung von Superti zwischen Beura und Mergozzo und hatten ihr Hauptquartier im Val Grande nördlich von Intra. Als Erkennungsmerkmal trugen sie grüne Halstücher.

Die Division *Valtoce* führte der 23-jährige Offizier Alfredo Di Dio an. Sie war rund 800 Mann stark. Die Monarchisten waren sehr militärisch organisiert und operierten vor allem auf der rechten Seite des Flusses Toce in der Gegend von Ornavasso und auf dem Monte Mottarone. Die Mitglieder der *Valtoce* trugen blaue Halstücher. Nach dem Tod von Alfredo Di Dio im Oktober 1944 übernahm Eugenio Cefis das Kommando.

Die Division *Piave* entstand im August 1944 durch den Zusammenschluss der beiden kleineren Formationen *Cesare Battisti* und *Generale*

Perotti. Die rund 500 *Piave*-Partisanen kämpften vor allem in den Tälern von Cannobina und Vigezzo. Angeführt wurde die politisch unabhängige Brigade von ARMANDO CALZAVARA.

Das Stronatal bei Omegna beherrschte die politisch autonome Division *Beltrami*. Kommandant dieser etwa 500 Kämpfer starken Gruppierung war Filippo Beltrami. Als dieser im Februar 1944 in Megolo getötet wurde, übernahm BRUNO RUTTO die Führung. Mit ihm weitete sich das Einsatzgebiet der Gruppe bis Omegna aus.

Die anfangs autonome und später sozialistisch geprägte *Matteotti*-Brigade wurde von PIETRO CARLO VIGLIO kommandiert und agierte zwischen dem Formazzatal und der Grenze zu den Tessiner Tälern Onsernone und Maggia. Die rund 100 Mann starke Einheit hatte verschiedene Übernamen wie *Banda Vigezzo* oder *Banda Cravariola,* in Anlehnung an den abgelegenen Ort, wo die Einheit ihr Hauptquartier eingerichtet hatte. In den Reihen der *Matteotti*-Brigade kämpfte auch ein jüdischer Partisan namens Renzo Coen (Kapitel 6). Er war aus einem Tessiner Internierungslager geflohen und hatte sich den Widerstandskämpfern angeschlossen.

Die rund 900 kommunistischen *Garibaldini,* benannt nach Giuseppe Garibaldi, dem Vorkämpfer für die italienische Einheit von 1861, waren anfangs in der Region Valsesia unterwegs. Im Sommer 1944 zogen sie in die Nähe der Industriezentren im Ossolagebiet und am Lago Maggiore. Sie trugen traditionellerweise ein rotes Halstuch. Die wohl bekannteste Formation der Region war die *85. Brigata Garibaldi Valgrande Martire,* die MARIO MUNEGHINA anführte und hauptsächlich im Val Grande, oberhalb von Verbania, aktiv war.

Die Besetzung Italiens durch deutsche Einheiten im Herbst 1943 (Kapitel 1) und die Verschleppung hunderttausender italienischer Soldaten in die Arbeitslager der Nationalsozialisten wirkte sich auf die Zusammensetzung der Widerstandsgruppen und deren Kommandanten aus. Die meisten in der Region Ossola aktiven Einheiten wurden nicht von Einheimischen kommandiert, sondern von Männern aus anderen Regionen, beispielsweise aus der Poebene oder aus dem Süden Italiens. Eine Ausnahme bildeten dabei der aus Omegna stammende Bruno

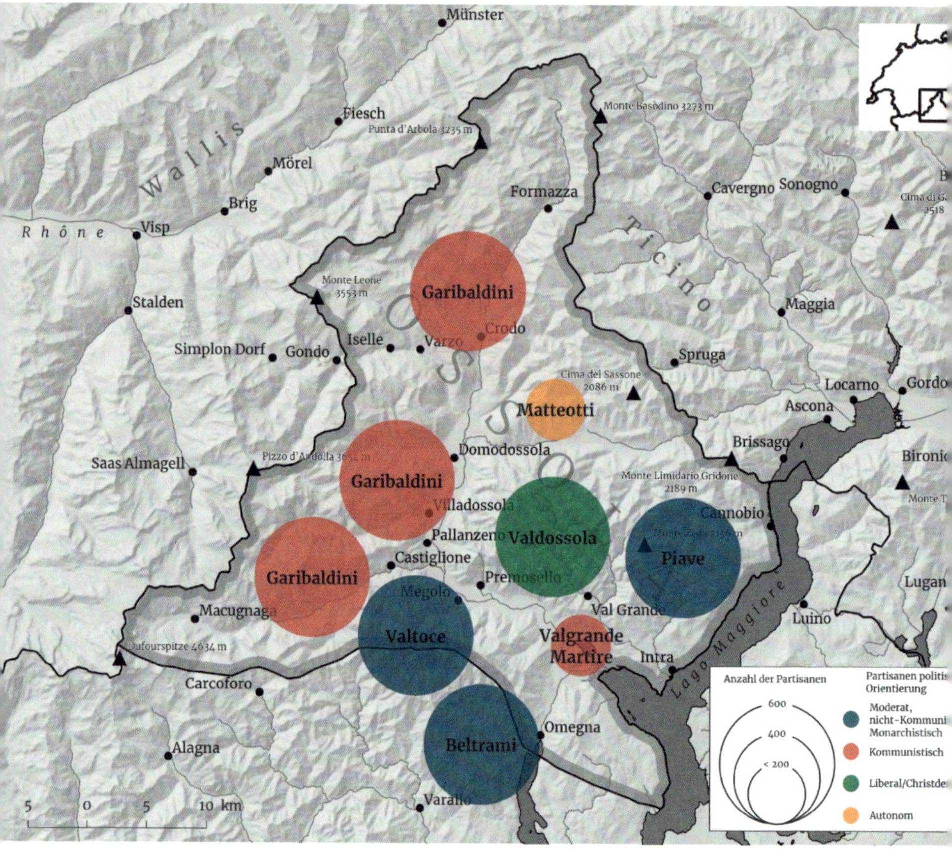

Verteilung der aktiven Partisaneneinheiten in der Region Ossola Mitte des Jahres 1944.

Viele Partisanen im Ossolagebiet stammten nicht aus der Region. So auch bei der 1944 abgebildeten Gruppe einiger Männer der Division *Valdossola* nicht. So unterschiedlich ihre Herkunft, so verschieden war auch ihre Bewaffnung. Auf dem Gruppenbild sind beispielsweise diverse Maschinenpistolen oder Repetiergewehre zu erkennen. Sie stammten aus alliierten Luftabwürfen, aus aufgelösten italienischen Depots und nicht selten auch aus Schweizer Beständen. Teilweise benutzten die Widerstandskämpfer auch von den Besatzungstruppen erbeutete Waffen.

Rutto oder ATTILIO MONETA aus dem kleinen Dorf Malesco im Val Vigezzo. Moneta hatte sich nach dem Waffenstillstand 1943 den Partisanen angeschlossen. Der Berufsoffizier war bereits über fünfzig Jahre alt und beriet wegen seiner militärischen Erfahrung verschiedene regionalen Partisanenkommandanten. Respektiert wurde Oberst Moneta auch von seinen Gegnern. Die Besatzer wählten ihn im September 1944 als Verhandlungspartner für die Gespräche über ihren Abzug aus der Region Ossola aus (Kapitel 6). In der anschliessend gegründeten Partisanenrepublik Ossola wurde Attilio Moneta zum Kommandanten der *Guardia Nazionale,* der Nationalgarde, ernannt, welche die Polizeiaufgaben des kurzlebigen Staats übernahm. Bei der Verteidigung der Partisanenrepublik gegen die zurückkehrenden deutschen und faschistischen Truppen wurde Attilio Moneta am 12. Oktober 1944 in Finero im Cannobinatal getötet. Er starb gemeinsam mit Alfredo Di Dio nur einige Kilometer von der Schweizer Grenze entfernt.

Auch innerhalb der Gruppierungen waren mindestens siebzig Prozent keine Einheimischen. Sie stammten aus anderen Regionen, vornehmlich aus der Region Mailand-Varese. Für diese Männer war die Flucht in die Berge die einzige Möglichkeit, einer Deportation in ein deutsches Arbeitslager oder dem Dienst für das Salò-Regime zu entgehen. Immerhin hatten einige wie Dionigi Superti früher in der Region gearbeitet und kannten deshalb das Gelände einigermassen.

Ganz geklärt ist die Herkunft vieler Partisanen, die in der Region Ossola gefallen sind, bis heute nicht. Rund dreissig Prozent der toten Widerstandskämpfer konnten bisher nicht identifiziert werden. Das hat auch mit deren eigenen Verhalten während der Kriegsjahre zu tun. Um Vergeltungsmassnahmen gegen ihre Familien zu vermeiden, hatten die Partisanen nicht nur Decknamen angenommen, sondern auch alle Ausweispapiere vernichtet. 2024 hat die Universität von Mailand begonnen, DNA-Analysen von 33 verstorbenen ossolanischen Widerstandskämpfern zu untersuchen, um deren Identität festzustellen. Die Hoffnung, dass die betroffenen Familien Jahrzehnte nach dem Zweiten Weltkrieg endlich Gewissheit über das Schicksal ihrer Vorfahren erhalten werden, ist dank neuster forensischer Technologie gestiegen.

Superti, Dionigi (1902–1968)

Superti, geboren in Neapel, war früh ein Antifaschist. 1937 wurde er zweimal wegen Finanzdelikten und Schmuggel von Juwelen in Mailand inhaftiert. Trotzdem schaffte er es an die Spitze eines Holzunternehmens im Val Grande. Zur Zeit des Waffenstillstands war er dort einer der ersten und wichtigsten Organisatoren des Widerstands und vereinigte Einheimische sowie untergetauchte italienische Soldaten unter sich. Superti betrachtete seine Formation als völlig autonom, auch gegenüber dem Oberkommando der Partisanen. Dessen Autorität erkannte er bis in den Februar 1945 nicht an. Nach dem Krieg hatte er erneut Probleme mit der Justiz. Wieder wegen Finanzdelikten. In den folgenden Jahren schlug sich Superti mit verschiedenen Tätigkeiten in diversen Ländern durchs Leben. Er starb 1968 in Madrid. 1988 wurde sein Leichnam von Madrid nach Premosello überführt, wo er heute begraben ist.

Di Dio, Alfredo (1920–1944)

Di Dio wurde auf Sizilien geboren und trat in jungen Jahren in die italienische Militärakademie ein. Er schloss seine Ausbildung in Modena ab, wurde Offizier eines Panzerregiments und Militärinstruktor. Nach Mussolinis Sturz trat Alfredo Di Dio dem Widerstand bei. Er starb bei der Verteidigung der Partisanenrepublik Ossola im Oktober 1944.

Cefis, Eugenio (1921–2004)

Cefis hatte Jura studiert und die Militärakademie in Modena absolviert. Im September 1943 wechselte er in den Widerstand. Nach dem Krieg stieg Eugenio Cefis zu einem der mächtigsten und reichsten Wirtschaftsmanager Italiens auf. Er arbeitete für den Energiekonzern ENI und das Chemieunternehmen Montedison. Cefis wurde immer wieder mit Korruption und Finanzdelikten in Verbindung gebracht. Auch deshalb, weil er eine zentrale Rolle in der Freimaurerloge «P2» gespielt hatte. In den 1980er-Jahren zog sich Cefis aus dem öffentlichen Leben zurück und starb 2004 in Lugano.

Calzavara, Armando (1919–2000)

Calzavara hatte Fremdsprachen in Venedig studiert und wurde 1941 in den italienischen Militärdienst eingezogen. Dort brachte er es zum Offizier der *Bersaglieri*, einer Eliteeinheit der Infanterie. Nach dem Waffenstillstand im September 1943 gründete Calzavara eine erste Partisaneneinheit im Piemont. Im November verlegte er seine Aktivitäten in die Region von Verbano. Dies hatte verschiedene Gründe: Die Region war mit ihren Wäldern und Bergen für die Guerillataktik ideal, die Nähe zur Schweiz ermöglichte Schmuggel und das Nachbarland diente als möglicher Fluchtort für verletzte Mitstreiter.

Zudem war die Lage für den Widerstand im Piemont schwieriger geworden. Armando Calzavara blieb bis nach dem Krieg in der Region. Später arbeitete er unter anderem als Manager der Computerfirma Olivetti in Zürich. Er starb 2000 bei einem Autounfall.

Rutto, Bruno (1921–1986)

Rutto stammte aus Omegna und war Chemie-Techniker. Ende 1941 wurde er in die Armee eingezogen und besuchte die Gebirgsjägerschule in Aosta. Als Leutnant des 3. *Alpini*-Regiments in Pinerolo wurde er mit dem Bataillon *Fenestrelle* nach Jugoslawien entsandt, wo er sich bei der Verkündung des Waffenstillstands im September 1943 aufhielt. Nach seiner Rückkehr schloss sich Rutto der Partisanengruppe von Filippo Beltrami im Valstrona an. Nach Beltramis Tod in der Schlacht von Megolo im Februar 1944 übernahm Rutto das Kommando über die verbliebene Einheit. Unter seiner Führung wuchs die Formation und befreite am 24. April 1945 Omegna. Nach dem Krieg lebte Rutto dort und arbeitete als Bergbautechniker.

Viglio, Pietro Carlo (1919–1995)

Viglio hatte Politikwissenschaften studiert und danach den obligatorischen Militärdienst in der italienischen Armee geleistet. Nach dem Waffenstillstand im September 1943 ging Pietro Carlo Viglio in den Widerstand. Nach dem Krieg arbeitete er als Verwalter in Mailand und später gemeinsam mit Eugenio Cefis als Unternehmer. Er starb 1995 in Mailand.

Muneghina, Mario (1900–1987)

Muneghina hatte als Freiwilliger im Ersten Weltkrieg gekämpft. 1921 trat er in die Kommunistische Partei Italiens ein. Er arbeitete bei Pirelli und später bei Hispano Suiza in Spanien. Dort beteiligte er sich am Spanischen Bürgerkrieg. Ab 1943 war er am Aufbau des Widerstands in der Region Ossola beteiligt. Nach dem Ende der Partisanenrepublik Ossola zog er sich ins Val Grande zurück und kämpfte weiter gegen die Besatzer. Mario Muneghina starb 1987 in Mailand.

Moneta, Attilio (1893–1944)

Moneta stammte ursprünglich aus Malesco (Vigezzotal) und kommandierte die *Guardia Nazionale* der Partisanenrepublik Ossola. Der Oberst war einer der wenigen hohen Offiziere der italienischen Armee, der sich den Partisanen angeschlossen hatte. Seine militärische Erfahrung machte ihn zu einem wichtigen Berater verschiedener Kommandanten des Widerstands. Attilio Moneta wurde im Oktober 1944 gemeinsam mit Alfredo Di Dio von den Besatzungstruppen in Finero getötet.

«Deutschland ist wirklich euer Freund»: Propagandaplakat von Gino Boccasile aus dem Jahr 1944. Der Illustrator unterstützte den italienischen Faschismus mit seinen Werken.

5

DIE BESATZUNGSTRUPPEN IM OSSOLAGEBIET

Anfang September 1943 hatte sich die Kriegssituation auf der italienischen Halbinsel grundlegend geändert. Das rasche Vorrücken der Alliierten aus dem Süden – Ende September hatten sie bereits Neapel befreit – zwang die deutschen Besatzer, in Norditalien zahlreiche Hilfstruppen einzusetzen, da die regulären Einheiten an den verschiedenen Fronten gebraucht wurden. Aus diesem Grund bestanden die permanenten Besatzungstruppen in der Region Ossola im Herbst 1943 hauptsächlich aus Angehörigen des Zollgrenzschutzes. Sie waren streng genommen nicht einmal Soldaten, sondern ursprünglich zivile Angestellte des deutschen Finanzministeriums, die eine spezifische Ausbildung für Zoll- und Grenzüberwachungsaufgaben absolviert hatten. Um grössere Razzien und Aktionen gegen Partisanen durchzuführen, wurde deshalb die SS-Polizei beigezogen. Sie war in ganz Norditalien aktiv und wurden immer wieder versetzt. Ihre Einsätze vor Ort dauerten maximal zwei Wochen, danach verliessen die Polizisten die Region wieder.

Koordiniert wurden diese Aktionen vom «Bandenbekämpfungsstab Italien West», der seinen Hauptsitz in der prächtigen *Villa Reale* bei Monza hatte. Er war Willy Tensfeld, dem SS- und Polizeiführer für das Gebiet Oberitalien-West, unterstellt. Tensfeld, ein Vertrauter von General Karl Wolff, war der wichtigste Verbindungsmann zwischen den Deutschen und den italienischen Faschisten. Er nahm deshalb insbesondere im Kampf gegen die Partisanen eine Schlüsselrolle ein. Bis 1944 wurden rund fünfzig Operationen gegen den Widerstand durchgeführt, darunter fünf in der Region Ossola. Auch in die Rückeroberung des Gebiets der Partisanenrepublik Ossola im Herbst 1944 (Kapitel 6) war Willy Tensfeld involviert, vor allem in der Planung und Koordination des Grosseinsatzes.

Deutsche Formationen im Ossolagebiet

In der Region zwischen dem Simplon und dem Lago Maggiore waren zwischen 1943 und 1945 folgende deutsche Besatzungseinheiten teilweise oder dauerhaft im Einsatz:

Der *Zollgrenzschutz* (ZGS) war eine deutsche Einheit von grösstenteils älteren Grenzbeamten, die im September 1943 aus Frankreich in die Region versetzt worden war. Diese Männer hatten die Aufgabe, die Grenze zum Wallis und zum Kanton Tessin zu kontrollieren. Der ZGS nahm an der Tessiner Grenze insgesamt mindestens 500 Jüdinnen und Juden fest, die in der Folge von Mailand aus nach Auschwitz deportiert wurden. Die Einheit verzeichnete im Kampf gegen die Partisanen die grösste Anzahl Todesopfer. Nicht etwa, weil sie besonders aktiv war, sondern weil der ZGS schlecht ausgerüstet und überhaupt nicht für einen Kampf in den Bergen ausgebildet worden war. Nach schweren Verlusten und einer Desertionswelle Richtung Schweiz verschwand der ZGS im November 1944 fast vollständig aus der Ossolaregion.

Die *SS-Polizei* war mit den Regimentern 12, 15 und 20 im Ossolagebiet aktiv. Sie waren im Sommer 1943 aus den Resten einiger an der Ostfront dezimierter Einheiten gebildet worden. Dort hatten die Polizisten eine aktive Rolle bei der Ermordung von Zivilisten, Partisanen und sowjetischen Kriegsgefangenen gespielt. Die SS-Polizei leitete die Operation gegen Filippo Beltrami in Megolo (Kapitel 4), die Unternehmung im Val Grande im Juni 1944 und nahm auch an der Niederschlagung der Partisanenrepublik Ossola im Oktober teil. Die drei Regimenter waren bei der Partisanenbekämpfung die treibende Kraft. Ihr rücksichtsloses Vorgehen, auch gegen die Zivilbevölkerung, war jedoch teilweise kontraproduktiv, da es den Widerstand und die Unterstützung für die Partisanen eher stärkte, als dass es Ruhe in die Region gebracht hätte.

Die wichtigste Person der SS-Polizei war der Kommandant des Regiments 15, Ludwig Buch. Er stammte aus Freiburg im Breisgau und übernahm im Winter 1943 das Kommando über die Einheiten in der Region. Buch hatte seinen Hauptsitz in Intra. Dort wurden die meisten Operationen gegen die ossolanischen Partisanen geplant und koordiniert.

Soldaten der Kraftfahrerstaffel des SS-Polizei-Regiments 15 ruhen sich 1944 während einer Partisanen-Razzia in einer Ortschaft in der Region Piemont aus. Normalerweise trugen sie Polizei- oder Wehrmachtsuniformen, da sie nur formell zur SS gehörten.

Die *Leibstandarte SS Adolf Hitler (LSSAH)* war im August 1943 nach Italien verlegt worden und hatte nach dem Waffenstillstand Italiens mit den Alliierten im September äusserst effizient agiert. Im Ossolagebiet war die LSSAH vor allem im Herbst aktiv und hinterliess dort eine Spur des Todes (Kapitel 3). Ende Oktober 1943 verliess die Truppe Italien und wurde wieder an die Ostfront, in die Nähe von Kiew, verschoben. Dort sollte sie mithelfen, den sowjetischen Vormarsch aufzuhalten.

Das *Marineeinsatzkommando 80* war eine im Juni 1944 aufgestellte deutsche Spezialeinheit zur Erprobung von Unterwasserfahrzeugen der *Decima Mas,* der Marineeinheit der *RSI*. Die Truppe wurde jedoch bald in der Partisanenbekämpfung eingesetzt und war an den Massakern von Borgo Ticino und Premosello beteiligt: In Borgo Ticino wurden am 13. August 1944 zwölf zufällig ausgewählte Zivilisten hingerichtet, in Premosello waren es am 29. August sieben Personen. Zudem setzten die Besatzer mindestens dreissig Häuser in Brand. Auch bei der Rückeroberung des Ossolagebiets im Herbst 1944 waren einige Soldaten des Marineeinsatzkommandos im Einsatz. So bei der Verfolgung von flüchtenden Widerstandskämpfern Richtung Schweiz und beim heftigen Gefecht bei den Bagni di Craveggia vom 18. Oktober. Etwa 10 der über 200 deutschen und faschistischen Soldaten, die dort im Einsatz standen, stammten aus dieser Einheit. Geleitet wurde sie von Hauptmann WALDEMAR KRUMHAAR, einem Juristen mit Doktortitel.

In der Anfangsphase der Besatzungszeit, im Herbst 1943, war in der Region auch ein *Gendarmerie-Einsatzkommando* aktiv. Diese schnelle Eingreiftruppe der deutschen Gendarmerie kommandierte Major AUGUSTUS BURMESTER. Sie war bei den Ereignissen von Villadossola (Kapitel 4) sowie bei der Zerstörung von Colloro Ende Januar 1944 eine zentrale Kraft. Burmester wurde am 20. Juni 1944 in Feriolo-Baveno getötet. Danach spielte die Einheit nur noch eine untergeordnete Rolle.

Nach dem Fall der Partisanenrepublik Ossola wurde ab Mitte Oktober 1944 auch das *Eisenbahn-Bau-Pionier-Bataillon 12* in die Region versetzt. Die Einheit hatte ihr Hauptquartier in Monza bei Mailand und kümmerte sich um die durch Kämpfe beschädigte Eisenbahnlinie zwischen Iselle und Gravellona (Kapitel 6). Ab November bereiteten die

Oktober 1944: Eisenbahnpioniere der Wehrmacht untersuchen in Preglia bei Domodossola Schäden an der Bahnlinie. Sie waren von Partisanen bei ihrem Rückzug in die Schweiz verursacht worden.

deutschen Eisenbahnpioniere ausserdem die Sprengung des Simplontunnels vor (Kapitel 11).

Unterstützende Einheiten

Unterstützt wurden die deutschen Besatzer von diversen Einheiten der Republik von Salò und einigen gemischten Truppen, die aus Freiwilligen und teilweise auch Zwangsrekrutierten bestanden:

Die *Schwarzen Brigaden* setzten sich meist aus entweder älteren oder sehr jungen Faschisten zusammen und waren eine paramilitärische Organisation der *Repubblica Sociale Italiana.* Die Brigaden wurden im Juli 1944 gegründet. Sie waren der letzte verzweifelte Versuch des Mussolini-Regimes, militärisch aktiv zu werden und damit ein gewisses Mass an Kontrolle in Norditalien zurückzugewinnen. Die Männer der Schwarzen Brigaden waren grösstenteils fanatische Faschisten, die keine Skrupel kannten und mit extremer Brutalität agierten. Sie waren stark an der Niederschlagung der Partisanenrepublik Ossola beteiligt. Ab November 1944 patrouillierten die Brigaden durch das zurückeroberte Gebiet und führten regelmässig Razzien durch. Dabei kam es immer wieder zu Repressalien gegen die Zivilbevölkerung. Kommandiert wurden die in der Region Ossola stationierten Einheiten unter anderem von Amedeo Belloni, einem überzeugten Faschisten, der zum radikalen Flügel des Faschismus der Provinz Novara gehörte. Die Mitglieder der Brigaden stammten häufig aus anderen Regionen, was ihre Hemmschwelle für Gewalt gegenüber der lokalen Zivilbevölkerung verminderte. 200 ihrer Mitglieder wurde im April und Mai 1945 von Partisanen in der Gegend von Verbania hingerichtet.

Die *Republikanische Nationalgarde* (GNR) verstärkte ab November 1943 die Grenze zur Schweiz. Die Einheit war von der Republik Salò als eine Art Polizei ins Leben gerufen worden und eigentlich ein Zusammenschluss verschiedener Organe der vorherigen Regierung *(Carabinieri, Milizia Volontaria di Sicurezza Nazionale).* Ab 1944 wurde die GNR zu einem vollwertigen militärischen Verband mit Grenzschutz-Einheiten, Panzertruppen und Fallschirmspringern. Die Republikanische Nationalgarde stand in grosser Konkurrenz zu den Schwarzen Brigaden, was immer wieder zu internen Konflikten führte und in der Region Ossola damit endete, dass die GNR in eine Nebenrolle gedrängt wurde.

Die *GNR-Grenzmiliz* war in die Republikanische Nationalgarde eingegliedert und hatte die Aufgabe, die Grenze zu kontrollieren. Eigentlich für einfache Überwachungseinsätze gedacht, wurde die GNR-Grenzmiliz im Laufe der Monate zunehmend für Aktionen gegen den Widerstand und Aufräumarbeiten nach Partisanenangriffen eingesetzt. In der Region Ossola war vor allem RENATO VANNA bekannt. Der faschistische Hardliner hatte mehrere Razzien gegen Partisanen durchgeführt.

Die Marineeinheit der Republik von Salò hiess *Decima Mas.* Ursprünglich für den Dienst auf hoher See vorgesehen, wurde diese Truppe zunehmend für den Kampf gegen den Widerstand eingesetzt, weil ihre Schiffe von den Alliierten versenkt oder bei der deutschen Besetzung Italiens im September 1943 zerstört worden waren. Die Einheit war in der Region mit zwei Bataillonen aktiv. In Verbania war das Bataillon *Castagnacci* stationiert, von Arona aus agierte das Bataillon *Sciré.* Die Soldaten aus Verbania waren stärker in den Kampf gegen die Partisanen eingebunden. Die beiden bekanntesten Personen dieser Einheit waren die Brüder Ettore und Carlo Falangola, Söhne des faschistischen Marineadmirals MARIO FALANGOLA. Besonders ETTORE FALANGOLA wurde wegen seiner brutalen Aktionen gegen den Widerstand eine bekannt-berüchtigte Person in der gesamten Region. Im Frühjahr 1945 wurden die beiden Falangola-Söhne bei Borgo Ticino von Partisanen getötet.

Das *Polizei-Freiwilligen-Ersatz-Bataillon «Italien»* bestand aus rund 900 deutschen Polizisten und italienischen Freiwilligen und hatte seinen Hauptsitz in Cremona. Es war am 14. Februar 1944 gegründet worden und wurde von deutschen Offizieren geführt. Das Bataillon bestand aus drei Infanteriekompanien und einer Unterstützungskompanie mit schweren Waffen. Die Männer wurden vorwiegend für die Partisanenbekämpfung eingesetzt, so auch im Juni 1944 im Val Grande, nahe der Schweizer Grenze. Die Menschen, die am 20. Juni in Fondotoce erschossen wurden (Kapitel 3), waren von exakt dieser Einheit bei Malesco im Centovalli gefangen genommen worden.

Die deutsche Besetzung Italiens war, wenn man die Fakten und die neuesten Forschungen anschaut, weniger organisiert und koordiniert, als es bisher in der Geschichtsschreibung dargestellt worden ist. Ein gutes Beispiel dafür ist das *Bataillon des böhmisch-mährischen Protektorats,* das im Ossolagebiet nur kurz stationiert war. Die Männer dieser Einheit wurden als «Tschechoslowaken» bezeichnet und waren Soldaten des Protektorats. Deutsche Offiziere waren nur auf Regimentsebene vertreten. Das Bataillon war ab Juni 1944 in der Region, fiel jedoch sehr schnell auseinander. Innerhalb eines Monats liefen fast neunzig Prozent der Soldaten zu den Partisanen über oder flüchteten in die Schweiz. Die meisten dieser «Tschechoslowaken» wurden in Internierungslager im Kanton St. Gallen gebracht.

Ein weiteres Beispiel für die steigende Verzweiflung und die zunehmende personelle Ressourcenproblematik der deutschen Besatzer während des Kriegsjahres 1944 ist die Anwesenheit des sogenannten *Ost-Bataillons,* bestehend aus gefangenen sowjetischen Soldaten. Die Männer stammten meist aus Georgien oder dem Kaukasus und waren ab Herbst 1941 in Deutschland ausgebildet worden. Die Truppe arbeitete in der Region Ossola als Unterstützungseinheit für die Deutschen. Das Bataillon war für die Logistik zuständig und transportierte beispielsweise Munition und Ausrüstung mit Eseln. Teilweise waren diese Soldaten auch in Razzien gegen die Partisanen involviert. Im Sommer 1944 liefen einige von ihnen zu den Widerstandskämpfern über. Bei den Gefechten rund um die Bagni di Craveggia am 18. Oktober 1944 waren es über dreissig Männer, welche die Seiten wechselten oder in die Schweiz flüchteten.

Das *II Battaglione Azzurro* war eine Spezialeinheit der Fallschirmjäger *Reggimento Folgore* und hauptsächlich 1944 in der Region aktiv. Die Fallschirmjäger der Republik von Salò waren massgeblich an der Rückeroberung von Cannobio im September beteiligt. Dort hatten mehrere Partisanenformationen, darunter Männer der Division *Piave,* während sieben Tagen eine freie Zone erkämpft und bereits Kontakt

SS-Polizeiregiment 15 im Einsatz in der Provinz Novara. Die gleichen Männer waren mehrmals in der Region Ossola aktiv. Ab November 1944 blieb die Einheit fix in Domodossola.

ARMÉE SUISSE
GENDARMERIE DE L'ARMÉE

No. P/4618/wo

SCHWEIZERISCHE ARMEE
HEERESPOLIZEI

DET. Ter. Kdo. 3

ESERCITO SVIZZERO
GENDARMERIA DELL'ESERCITO

K.P. den, 13.6.45

1400 Uhr/heure/ora

Abhörungsprotokoll . Procès-verbal d'audition . Verbale d'interrogatorio

Es erscheint Se présente Si presenta

Name/nom/nome: B E R G F E L D

Vorname/prénom/cognome: Helmut

Heimatort/lieu d'origine/luogo d'origine: Düsseldorf

geb./né le/nato: 15.6.12 in/à/a: Saarbrücken

Beruf/profession/professione: Maler Tapezierer

Sohn, Tochter des/fils, fille/figlio, figlia di: Albert und der/et de/e della: Anna Jakobs

Zivilstand/état civil/stato civile: verheiratet

militärische Einteilung/incorporation militaire/incorporazione militare: Schutz Polizei Reg. 15, Bat. 2

Wohnadresse/domicilié à/domicilato (a): Wasserleben, 245.

und gibt auf Befragen an: / Interrogé......, ... déclare / Interrogat......, ... dichiara

Vom Jahre 1918 bis 1926 besuchte ich die Volksschule in Düsseldorf. Im Jahre 1926 habe ich meine Lehre begonnen und dann war ich auf meinem Beruf Tätig bis 1940. Während dieser Zeit befand ich mich immer in Düsseldorf. In 1940, d-h am 15.5.40 bin ich der Schutz Polizei begetreten in Frankfurt am Main. Die Ausbildung dauerte bis 3.10.40. Ab 5.10.40 folgte der auswärtige Einsatz, Polen und Russland. In Russland war ich beim Front Einsatz bis März 1943. Nach einer Verwundung an der Front kam ich ins Lazarett nach Bayern. Dort blieb ich während 4 Monate, dann kam ich nach Kiel zum Rewierdienst während 4 Wochen. Zunächst kam ich zum auswärtigen Einsatz, Ukraine, dann am Don. Nach einer Verwundung am rechten Bein kam ich ins Lazarett von Charkov und Kiev. Ich bekam ein Genesungsurlau welcher ich in Deutschland verbrach, und dann im April 1943 stellte ich mich in Prag. Dort wurden wir wieder neu zusammen gestellt und kamen nach Norwegen zu weiteren Ausbildung. Nach der Kapitulation Italiens kamen wir nach Italien zum weiteren Einsatz. Ich war 10 Monate in Rom, Einsatzfront in Netuno, später zu Banden Bekämpfung in Valle Aosta und Val d'Ossola. Am 25.3.45 entfernte ich mich meiner Einheit und ging zu den Partisanen in Valle Ansasca. Ich blieb eine Woche. Da meine Einheit alles einsetzte um meine Peròn Habhaft zu werden sah ich mich gezwungen über die Schweizergrenze über zu treten. Ich begab mich zu den Partisanen, weil ich mit dem System nicht einig war. Ich wollte schon in 1943 übergehen, aber damal hatte ich die Gelegenheit nicht, und ich fürchtete die Represalien auf meiner Familie.

Um in die Schweiz zu gelangen habe ich folgender Weg eingeschlagen: Von Valle d'Ansasca habe ich der Monte Moro überschritten und auf Schweizerboden wurde ich von einer Skipatruille aufgegriffen. Ich wurde auf dem Zollposten Almagel geführt und dann wurde ich von der Grenzwacht ins Auffanglager

./.

Abhörungsprotokoll von Helmut Bergfeld vom 13. Juni 1945.
Das Verhör fand erst im Juni statt, da er vorher wegen einer Krankheit im Spital gepflegt werden musste.

mit den Schweizer Behörden aufgenommen. Sie wollten über Lebensmittellieferungen verhandeln. Dazu kam es jedoch nicht, denn das Ende kam schnell. Rund 300 Besatzungssoldaten, deren Mehrzahl aus *Folgore*-Männern bestand, eroberten die Stadt am 9. September 1944 in nur einigen Stunden zurück und begannen noch am gleichen Tag mit Repressalien gegen die Zivilbevölkerung. Auch bei der Niederschlagung der Partisanenrepublik Ossola im Oktober 1944 war das *II Battaglione Azzuro* beteiligt. Danach verliess die Truppe die Region Richtung Aostatal. Der bekannteste Protagonist dieser Einheit war der Literaturnobelpreisträger von 1997, DARIO FO. Er hatte sich 1944 als 18-Jähriger freiwillig zu den Fallschirmjägern der Republik von Salò gemeldet. 1945 lief er zu den Partisanen über.

Alle diese Besatzungstruppen und -einheiten kamen früher oder später mit dem ossolanischen Widerstand in Kontakt. Selten war dieser freundlich. Doch es gab Ausnahmen. Im Frühling 1945 halfen kommunistische Partisanen einem Deserteur der SS-Polizei, ins Wallis zu flüchten. Das ist aussergewöhnlich, war doch HELMUT BERGFELD zuvor in der «Bandenbekämpfung» aktiv gewesen. Ganz selbstlos war diese Hilfe allerdings nicht: Als Bezahlung übergab der Deutsche den Widerstandskämpfern eine Maschinenpistole und zwei Pistolen.

Tensfeld, Willy (1893–1982)

Tensfeld war SS-Brigadeführer und Generalmajor der Polizei. Er hatte bereits im Ersten Weltkrieg in der deutschen Marine gedient. Der Mann aus Norddeutschland gehörte zu den frühen Anhängern des Nationalsozialismus. Nach Einsätzen an der Ostfront, unter anderem in der heutigen Ukraine, versetzte man ihn im September 1943 zu Karl Wolff nach Italien. Dort wurde er zu einem wichtigen Verbindungsoffizier zwischen den Deutschen und den italienischen Faschisten und war zudem verantwortlich für die Region «Oberitalien West». Seine primäre Aufgabe war die Bekämpfung des Widerstands im Nordwesten Italiens. Im Mai 1945 wurde Willy Tensfeld von den Briten verhaftet und wegen des Massakers von Borgo Ticino vor Gericht gestellt. Er wurde jedoch 1947 in Padua freigesprochen. Danach kehrte er nach Deutschland zurück und starb 1982 in Hamburg.

Buch, Ludwig (1893–1968)

Buch war Polizist und hatte bereits im Ersten Weltkrieg für Deutschland gekämpft und war mehrfach für seine aussergewöhnliche Tapferkeit ausgezeichnet worden. In der Zwischenkriegszeit arbeitete er in der badischen Polizei und trat später in die NSDAP und in die SS ein. Im Herbst 1943 wurde Buch zum Chef des Polizeiregiments 15 ernannt und nach Italien verlegt. Dort war er für mehrere Polizeiaktionen gegen Partisanen und insbesondere für die Rückeroberung der Ossolaregion im Herbst 1944 verantwortlich. Dafür wurde er im Januar 1945 sogar mit dem Eisernen Kreuz I. Klasse ausgezeichnet. Gegen Ende des Zweiten Weltkriegs verschwand Buch und tauchte erst 1946 wieder auf. Danach lebte er unbehelligt bis zu seinem Tod 1968 in Heidelberg.

KRUMHAAR, WALDEMAR (1895–1955)

Krumhaar war ein deutscher Marineoffizier, Jurist und Richter. Er hatte im Ersten Weltkrieg Kampferfahrung gesammelt und schloss sich früh dem Nationalsozialismus an. Waldemar Krumhaar leitete ab dem Frühling 1944 das Marineeinsatzkommando 80 und war im Zuge der deutschen «Bandenbekämpfung» an mehreren Vergeltungsaktionen beteiligt. Der Deutsche wurde 1949 in Turin wegen Kriegsverbrechen angeklagt und zu viereinhalb Jahren Haft wegen Plünderung verurteilt. Er wurde jedoch bereits 1950 aus der Haft entlassen und starb 1955 bei einem Autounfall in der Nähe von Bonn.

Burmester, Augustus (1898–1944)

Burmester war vor seiner Ankunft in Novara Leiter des Gendarmerie-Einsatzkommandos von Stalino, dem heutigen Donezk in der Ukraine. Mit dem Vorrücken der Sowjets im Spätsommer 1943 verschob sich sein Einsatzort nach Italien. Kurze Zeit nach seiner Ankunft wurde Augustus Burmester im Herbst 1943 zum Leiter des Gendarmerie-Einsatzkommandos Novara befördert. In dieser Funktion war er an der deutschen Reaktion auf die Ereignisse von Villadossola im November 1943 und an der Tötung von Filippo Beltrami im Februar 1944 beteiligt. Einige Monate später starb der Deutsche durch einen Hinterhalt auf der Strasse zwischen Feriolo und Baveno. Dies wiederum führte im Juni 1944 zu Vergeltungsmassnahmen, bei denen in Baveno 17 Menschen erschossen wurden.

Belloni, Amedeo (1887–1949)

Belloni war ein italienischer Faschist und nahm als Leutnant am Ersten Weltkrieg teil. Der Journalist arbeitete danach für die Zeitung *Giovane Italia*. In der Republik von Salò schloss sich Belloni den Schwarzen Brigaden an und war massgeblich an der Ermordung der Partisanenführer Beltrami und Di Dio im Oktober 1944 beteiligt. Etwa zur gleichen Zeit wurde Amedeo Belloni auch Sekretär der Republikanischen Faschistischen Partei von Mussolinis Marionettenstaat. Er starb 1949 in Mailand an einem Herzinfarkt.

Vanna, Renato (1900–1945)

Vanna war ein italienischer Faschist und Hauptmann der GNR-Miliz. Er trat 1943 in die GNR ein und war an mehreren Operationen gegen Partisanen beteiligt. Insbesondere an jener im Februar 1944 in Megolo und bei der Rückeroberung des Ossolagebiets durch die Besatzungstruppen im Herbst 1944. Im selben Jahr war er zum Major befördert worden. Im Frühling 1945 führte Renato Vanna eine Verstärkungstruppe Richtung Comersee, um Benito Mussolini bei dessen letzten Fluchtversuch nach Dongo zu helfen. Doch er fiel den Partisanen in die Hände und starb schliesslich am 20. Mai 1945 bei Tirano.

Falangola, Mario (1880–1967)

Mario Falangola war ein italienischer Faschist. Im Ersten Weltkrieg kommandierte er ein U-Boot und wurde mehrfach für seine Tapferkeit ausgezeichnet. 1939 wurde er zum Oberbefehlshaber der italienischen U-Boot-Flotte ernannt. 1943 schloss er sich der Republik von Salò an. Seine beiden Söhne Ettore und Carlo waren ebenfalls Faschisten und starben beide 1945. Mario Falangola wurde 1955 von einem Militärgericht freigesprochen und rehabilitiert. Er starb im Juli 1967 in seiner Heimatstadt Rom.

Falangola, Ettore (1917–1945)

Ettore Falangola war der jüngere Bruder von Carlo und ebenfalls ein italienischer Faschist. Er absolvierte die Marineakademie und diente ab 1940 auf verschiedenen U-Booten. Nach einer Verletzung am linken Arm kehrte er 1943 nach Italien zurück. Die vorrückenden Alliierten trieben Falangola nordwärts, wo er das Bataillon *Castagnacci* verstärkte. Er wurde zusammen mit seinem Bruder Carlo im März 1945 getötet.

Fo, Dario (1926–2016)

Fo war ein bekannter italienischer Theaterautor, Regisseur, Komponist, Schauspieler und Satiriker. 1997 wurde er mit dem Nobelpreis für Literatur ausgezeichnet. Weniger bekannt ist Fos faschistische Vergangenheit. Nach dem Waffenstillstand vom 8. September 1943 meldete sich der damals knapp 18-Jährige freiwillig zur faschistischen Armee der Italienischen Sozialrepublik. Als Mitglied des Fallschirmjäger-Regiments *Folgore* nahm er im September an der Rückeroberung von Cannobio teil. Wahrscheinlich war Dario Fo auch bei der Niederschlagung der Partisanenrepublik Ossola im Oktober 1944 dabei. Nach dem Krieg begann Fos künstlerischer Aufstieg. Der internationale Durchbruch gelang ihm Ende der 1950er-Jahre. Der Italiener hatte sich mehrmals zu seiner faschistischen Vergangenheit geäussert und immer betont, dass er zum Eintritt in die Salò-Truppen gezwungen worden sei, beziehungsweise nur so einer Deportation entgehen konnte.

BERGFELD, HELMUT (1912–unbekannt)

Bergfeld stammte aus Düsseldorf und machte eine Ausbildung zum Maler. 1940 trat er der Schutzpolizei bei. Nach Einsätzen in Polen, Russland und der Ukraine wurde er mit dem Polizeiregiment 15 nach Italien versetzt. Hier war Helmut Bergfeld vor allem in der Partisanenbekämpfung aktiv. Er floh im März 1945 mit Hilfe von Widerstandskämpfern ins Wallis. Weil er unter einer Geschlechtskrankheit litt, wurde er sofort hospitalisiert. Mitte Juni beschlossen die Schweizer Behörden, Bergfeld nach Deutschland auszuweisen, was sie im September 1945 auch taten. Danach verliert sich seine Spur.

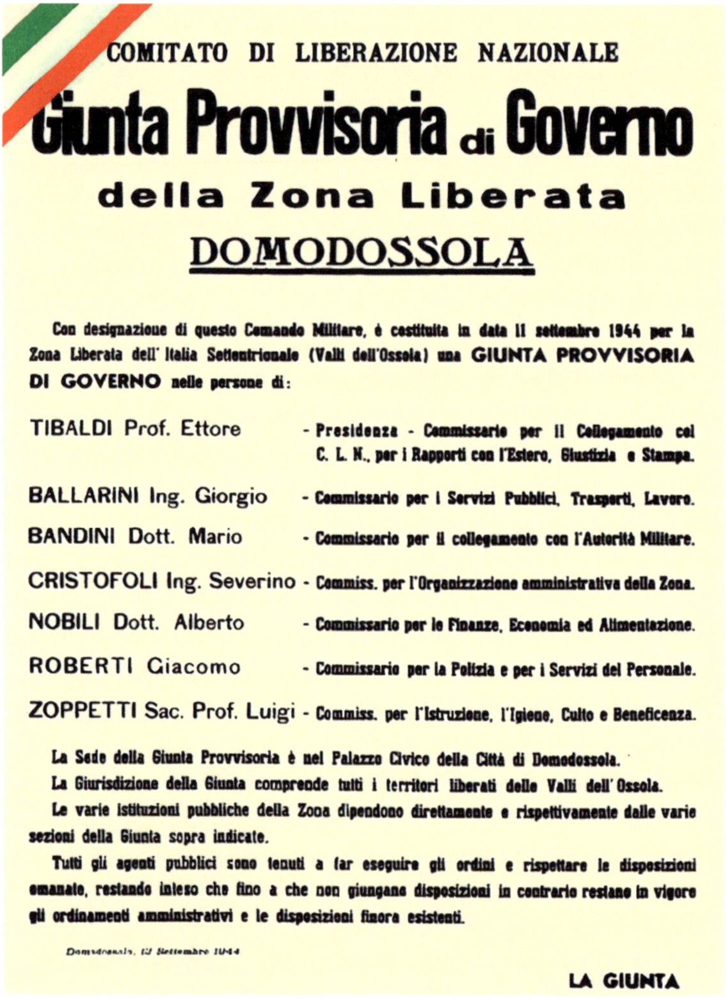

COMITATO DI LIBERAZIONE NAZIONALE

Giunta Provvisoria di Governo della Zona Liberata

DOMODOSSOLA

Con designazione di questo Comando Militare, è costituita in data 11 settembre 1944 per la Zona Liberata dell' Italia Settentrionale (Valli dell'Ossola) una **GIUNTA PROVVISORIA DI GOVERNO** nelle persone di:

TIBALDI Prof. Ettore	- Presidenza - Commissario per il Collegamento col C. L. N., per i Rapporti con l'Estero, Giustizia e Stampa.
BALLARINI Ing. Giorgio	- Commissario per i Servizi Pubblici, Trasporti, Lavoro.
BANDINI Dott. Mario	- Commissario per il collegamento con l'Autorità Militare.
CRISTOFOLI Ing. Severino	- Commiss. per l'Organizzazione amministrativa della Zona.
NOBILI Dott. Alberto	- Commissario per le Finanze, Economia ed Alimentazione.
ROBERTI Giacomo	- Commissario per la Polizia e per i Servizi del Personale.
ZOPPETTI Sac. Prof. Luigi	- Commiss. per l'Istruzione, l'Igiene, Culto e Beneficenza.

La Sede della Giunta Provvisoria è nel Palazzo Civico della Città di Domodossola.

La Giurisdizione della Giunta comprende tutti i territori liberati delle Valli dell' Ossola.

Le varie istituzioni pubbliche della Zona dipendono direttamente e rispettivamente dalle varie sezioni della Giunta sopra indicate.

Tutti gli agenti pubblici sono tenuti a far eseguire gli ordini e rispettare le disposizioni emanate, restando inteso che fino a che non giungano disposizioni in contrario restano in vigore gli ordinamenti amministrativi e le disposizioni finora esistenti.

LA GIUNTA

Die Regierung der Partisanenrepublik Ossola setzte sich aus sieben Männern zusammen. Präsident Ettore Tibaldi wurde nach dem Krieg Bürgermeister von Domodossola und nationaler Politiker.

6
DIE PARTISANENREPUBLIK OSSOLA

Ende August 1944 begannen verschiedene Partisanenformationen, die Gebiete rund um Domodossola zu erobern, bis sie das Städtchen mit damals gut 10 000 Einwohnern schliesslich ganz eingeschlossen hatten. Darin befanden sich etwa 400 deutsche und italienische Soldaten. Diese Männer waren zwar gut ausgebildet und noch besser bewaffnet, überschätzten die Stärke des Widerstands aber gewaltig – sie gingen von 5000 gut ausgerüsteten Partisanen aus – und waren zudem kriegsmüde.

Über Don Luigi Pellanda, einen örtlichen Priester, nahmen die Besatzungstruppen Kontakt zu Oberst Attilio Moneta auf. Es war den Deutschen wichtig, mit einem höheren Offizier zu verhandeln. In den Reihen der Partisanen erfüllte einzig Moneta diese Bedingung, auch wenn er keine eigene Formation befehligte. Am Abend des 9. September 1944 trafen sich die Parteien in Croppo di Trontano, einem Vorort von Domodossola. Dort wurde der freie Abzug der Besatzer für den nächsten Tag beschlossen. Am frühen Morgen des 10. September verliessen die deutschen und faschistischen Soldaten sowie ihre Angehörigen – über 600 Personen – Domodossola und erreichten ohne Probleme ihr Ziel Gravellona. Zum Schutz vor Partisanenangriffen wurden sie von einem Pfarrer begleitet. Die Region Ossola war auf einen Schlag vollständig von den Besatzungstruppen befreit.

Die Aktionen der Partisanen wirkten wie geplant und gemeinsam koordiniert, was teilweise erklärt, wieso die Besatzer den Widerstand massiv überschätzt hatten. Sie waren es jedoch nicht. Im Gegenteil, zusammengearbeitet wurde wenig, abgesprochen noch weniger. Das hatte einerseits mit einem fehlenden Kooperationswillen, andererseits mit der schlechten Kommunikation zu tun. Wenn überhaupt, dann wurden Informationen über *Staffette,* Kurierinnen, ausgetauscht. Diese

Maria Peron versorgt 1944 einen verletzten Partisanen im Val Grande. Beim Foto handelt es sich höchstwahrscheinlich um eine nachgestellte Szene. Es gibt nicht sehr viele Bilder von Widerstandskämpfern, da sie den Besatzungstruppen ermöglicht hätten, einzelne Partisanen zu identifizieren.

Meldeläuferinnen waren vielfach der einzige Kontakt zwischen den verschiedenen Partisanenformationen. Sie überbrachten Nachrichten – meist auswendig gelernte Parolen – oder erkundeten für die Widerstandskämpfer Orte und Stellungen des Gegners. Die *Staffette* erledigten ihre Aufträge durchaus erfolgreich, auch weil Mädchen und Frauen an den Kontrollpunkten seltener durchsucht wurden und sich deshalb freier bewegen konnten. Doch diese Art der Kommunikation war umständlich und langsam.

Im Ossolagebiet verfügte jede Partisanenformation über zwei bis drei *Staffette*. Weitere Frauen wie die Kommunistin GISELLA FLOREANINI oder die Krankenpflegerin MARIA PERON waren ebenfalls Teil des ossolanischen Widerstands. Laut Schätzungen betrug der weibliche Anteil innerhalb der verschiedenen Partisanenformationen knapp fünf Prozent.

Neben der Kommunikationsproblematik verdeutlicht dieser eher «zufällige» Sieg über die deutschen und italienischen Besatzer im Herbst 1944 eines der grössten Probleme des norditalienischen Widerstands im Zweiten Weltkrieg: die politische Zersplitterung der Partisanen (Kapitel 4). Es gab zwar gemeinsame Aktionen, aber auch immer wieder Rivalitäten und eine teilweise gefährliche Konkurrenz zwischen den Gruppierungen. 1944 war es zu mehreren Konflikten zwischen verschiedenen Widerstandsgruppen der Region gekommen. Insbesondere die Versuche der kommunistischen Partisanen, Mitglieder und Kommandanten anderer Formationen abzuwerben, sorgten für hitzige Auseinandersetzungen. Etwa als Mario Muneghina im Juni 1944 mit rund dreissig Kämpfern die Division *Valdossola* verliess und sich den *Garibaldini* anschloss. Nur durch Verhandlungsgeschick, beispielsweise durch Don Luigi Pellanda oder später durch die provisorische Regierung der Partisanenrepublik Ossola, konnten Kämpfe verhindert werden.

Kommunistischer Alleingang

Mit der Befreiung des Ossolagebiets war den Partisanen ein aufsehenerregender Erfolg gelungen. Zu einem Zusammenrücken der verschie-

Fünf Stunden bei den oberitalienischen Partisanen von Domodossola

Erster authentischer Bildbericht über die italienischen Freiheitskämpfer

Die italienische Partisanenbewegung, die in Oberitalien durch den erfolgreichen Kampf der französischen FFI besondern Auftrieb erhalten hat, erfocht speziell im Gebiete von Domodossola beachltiche Erfolge. Die wichtigste Eisenbahnstation wurde den neofascistischen und deutschen Truppen entrissen und besetzt. Von allem Anfang an war die Anteilnahme der Schweiz, und ganz besonders des Kantons Tessin, den Bande der Freundschaft und des Güteraustausches aufs engste mit den Bewohnern des Ossolotales verbinden, am Geschick der italienischen Nachbarn eine begreifliche. Von Locarno aus wurden Hilfsorganisationen ins Leben gerufen und eingesetzt. Kürzlich hat die Rotkreuz-Kinderhilfe einige Transporte unterernährter und gefährdeter Jugendlicher von Domodossola ins Oberwallis geführt und den Beklagenswerten die notwendige Hilfe angedeihen lassen. Grosse Transporte von Flüchtlingen sind soeben bei uns eingetroffen und in Quarantänelagern untergebracht worden. Nach 35tägiger Besetzung mussten nun vorgestern die italienischen Partisanen der Uebermacht der neofascistischen und deutschen Truppen weichen und haben sich in die umliegenden Berge und Täler Domodossolas zurückgezogen, um von hier aus den Widerstand fortzuführen. — Ein Reporter der Photopress hat den letzten Tag der Besetzung Domodossolas miterlebt und authentisches Bildmaterial mitgebracht.

Domodossola ist wie ausgestorben — ausser der Aktivität am Bahnhof, wo die Hilfszüge der Schweiz eintreffen und die Kinder des Ossolatales zur Pflege nach dem Oberwallis (Brig) verladen wurden. Die Strassen sind leer. Die freiheitsliebende Bevölkerung hat sich den Truppen der Patriotendivision „Valtoce" angeschlossen

In getarnten deutschen Uniformüberzügen, die von den Feinden zurückgelassen wurden, versehen die Patrioten in Oberitalien ihren Dienst

Links: Die Bahnhofwache von Domodossola, ausgerüstet mit erbeuteten deutschen Waffen, Handgranaten und Patronentaschen

Interessante Plakatanschläge in Domodossola. Sie e… nach der Einnahme der Ortschaft durch die Partisanen … ruft die „Provisorische Regierung" zur Ruhe auf … Wiederaufnahme der Arbeit. Links bitten die Partisa… die Ablieferung von Wollkleidern

…szene auf dem Bahnsteig von Domo. Die Partisanen klauen Säcke mit … des schweizerischen Roten Kreuzes. Rechts geht ein Partisane mit vor… Waffe auf unsern Reporter zu … kein gerade sorgenfreier Moment für den Kameramann!

Ein interessanter Bau im Bahnhof Domodossola: Ein v… Deutschen erbauter Bunker

Mit schussbereiter Waffe durchsuchen die Partisanen die abgehenden Züge

Links: Auf dem Bahnhof Domodossola warten die Flüchtlinge auf den Moment des Eintreffens des Hilfszuges aus der Schweiz

…tisanen mit umgehängtem Gewehr kontrollieren den Abgang … Flüchtlinge nach der Schweiz — und achten besonders …rauf, dass keiner der Ihrigen wegfährt, denn man hat jeden streitbaren Patrioten nötig

Rechts: In Güterwagen reisen die Flüchtlinge durch den Simplon

Bildreportage über die Republik Ossola in der «Berner Woche» vom 10. November 1944.

denen Widerstandsgruppen führte dies jedoch nicht. Im Gegenteil. Die kommunistischen Partisanen waren vom Abkommen mit den Besatzern ausgeschlossen worden. Die anderen Gruppierungen betonten, dass sie die Kommunisten aus Zeitgründen nicht hätten einbeziehen können. Wahrscheinlicher ist jedoch, dass sie die erbeuteten Waffen unter sich aufteilen wollten. Ausserdem war bekannt, dass die Kommunisten den Befehl des Oberkommandos der Partisanen, des *Corpo Volontari della Libertà* (CVL), nicht mit dem Feind zu verhandeln, niemals gebrochen und so den angestrebten Waffenstillstand gefährdet hätten. Das Vorgehen der nicht kommunistischen Partisanen war riskant, brach jedoch keine bestehenden Regeln: Im Herbst 1944 existierte in der Region Ossola kein formelles CVL-Kommando. Man konnte also argumentieren, dass die Anweisungen aus dem Hauptquartier in Mailand für diese Zone nicht bindend waren.

Doch die kommunistischen Widerstandskämpfer gaben ihren Machtanspruch nicht auf. Im Gegenteil, am 13. September 1944 griffen sie im Alleingang das Arbeiterstädtchen Gravellona an. Der Ort liegt gut dreissig Kilometer südlich von Domodossola. Mit einem glorreichen Sieg wollten die *Garibaldini* ihr angekratztes Image aufpolieren und eine stärkere Beteiligung an der Partisanenrepublik Ossola erzwingen. Das hätte unter Umständen auch funktionieren können, denn Gravellona war ein wichtiger Verkehrsknotenpunkt und quasi der südliche Zugang zur Partisanenrepublik. Doch sie scheiterten. Die Gegner, über 300 deutsche und faschistische Soldaten, waren zu stark. Nach einem zweitägigen intensiven Häuserkampf wurde den kommunistischen Partisanen klar, dass sie verlieren würden. Erst jetzt forderten sie bei den anderen Widerstandsgruppen Hilfe an. Diese schickten zwar einige Männer, liessen sich aber Zeit damit. Die halbherzige Unterstützung besiegelte die Niederlage von Gravellona endgültig und kostete über dreissig Partisanen das Leben.

Nach dem Krieg wurde bekannt, dass Alfredo Di Dio, Kommandant der Division *Valtoce*, bereits am 11. September 1944 mit dem deutschen Befehlshaber in Gravellona über eine mögliche Kapitulation verhandelt hatte. Er beauftragte Enrico Massara, sich mit Hauptmann Waldemar Krumhaar zu treffen. Massara erkannte rasch, dass Krumhaar keineswegs die Absicht hatte, sich zu ergeben – im Gegenteil: Der Deutsche unterbreitete den Partisanen seinerseits ein Kapitulationsangebot. Dieses Verhalten war ein unmissverständliches Zeichen dafür, dass ein militärischer Sieg gegen Krumhaars Truppen kaum zu erringen war. Di Dio gab diese Information jedoch nicht an die *Garibaldi*-Kämpfer weiter – mit der Folge, dass diese zwei Tage später unvorbereitet auf erbitterten Widerstand stiessen.

Die ständige Konkurrenz zwischen den verschiedenen Widerstandsgruppen soll jedoch die Leistungen der Partisanenrepublik Ossola nicht schmälern. Bis zur Rückeroberung des Gebiets durch Besatzungstruppen zwischen dem 9. und 14. Oktober 1944 legte der kleine Staat an der Grenze zur Schweiz eine eindrückliche Entwicklung an den Tag. Und das, obwohl die Widerstandskämpfer teilweise eher gegen die provisorische Regierung arbeiteten als mit ihr. Viele Partisanen taten sich beispielsweise schwer damit, die Polizeihoheit abzugeben und damit, das Recht, Verhaftungen vorzunehmen und Güter zu beschlagnahmen. Immer wieder kam es deshalb zu Spannungen zwischen der *Giunta,* der provisorischen Regierung der Republik, und den Partisanenformationen. Am weitesten ging dabei die Division *Piave,* die dem überregionalen Polizeikorps der Republik, der *Guardia Nazionale,* verbot, ohne Erlaubnis auf «ihrem» Gebiet zu agieren! Es brauchte mehrere Sitzungen, unzählige Appelle und teilweise auch Drohungen der Regierung, bis am 10. Oktober 1944 endlich eine Einigung aller Beteiligten erreicht werden konnte. Da war es allerdings schon zu spät, denn die Rückeroberung des Gebiets durch deutsche und faschistische Truppen hatte bereits begonnen.

Schneller ging es hingegen beim Wiederaufbau des eigenen Postdienstes, bei der Neuorganisation des Schulsystems oder bei der Reaktivierung des öffentlichen Verkehrs mit dem Nachbarstaat. Die ersten Schweizer Züge fuhren schon am 11. September in den Bahnhof von Domodossola ein. Die *Giunta* konnte am 23. September – nach hartem Widerstand und zahlreichen Konflikten – ausserdem ein gemeinsames Militärkommando für die Zone einsetzen. Mit der Einführung der politischen Gleichstellung von Mann und Frau war die Partisanenrepublik Ossola ihrer Zeit gar weit voraus.

Die erste Ministerin Italiens

Am 6. Oktober 1944 wurde Gisella Floreanini als erste Frau in der italienischen Geschichte in eine Regierungsposition berufen. Die überzeugte Kommunistin wurde in der Partisanenrepublik Ossola zur Kommissarin für Fürsorge ernannt, was einem Ministeramt entspricht. Und das sogar noch Jahre bevor die italienischen Frauen überhaupt wählen durften. In dieser Funktion koordinierte Floreanini unter anderem die Zusammenarbeit mit dem Schweizerischen Roten Kreuz, das dringend benötigte Hilfsgüter wie Lebensmittel, Kleidung und medizinische Produkte in die von Krieg und Entbehrung geprägte Region lieferte. Kurz vor dem Zusammenbruch der Republik, als die Lage immer prekärer wurde, organisierte Floreanini zusammen mit dem Schweizerischen Roten Kreuz die Flucht von über 1500 schwer unternährten Kindern in die Schweiz. Dort wurden sie bei Gastfamilien im ganzen Land aufgenommen. Gisella Floreanini selbst floh jedoch nicht. Sie schloss sich den *Garibaldi*-Brigaden an, die sich nach dem Fall der Republik in die westlich gelegene Valsesia-Region zurückzogen, um den Widerstand fortzusetzen. Floreanini war das einzige Regierungsmitglied, das nach dem Fall der Partisanenrepublik geblieben ist und weitergekämpft hat.

Das vergebliche Warten der Partisanen

Das Ende des demokratischen Traums begann sich bereits vor Floreaninis Berufung in der Regierung abzuzeichnen. Gegen Ende September 1944 realisierten die Deutschen, dass die Alliierten an der Verteidigungsstellung zwischen Rimini und Massa-Carrara, der sogenannten Gotenlinie, feststeckten. Dieser massive Verteidigungswall vom Tyrrhenischen Meer bis zur Adria konnte von ihnen während Monaten nicht überwunden werden. Das gab den Besatzern die nötige Zeit, um ihre Streitkräfte in aller Ruhe zu reorganisieren und der Partisanenrepublik Ossola ein Ende zu bereiten. Einerseits wurden deshalb faschistisch-italienische Soldaten, die in Deutschland ausgebildet worden waren, in die Nähe der Republik

Das Reich (Berlin) 3.12.1944.

DIE TRAGÖDIE VON DOMODOSSOLA

Geschichte eines „Partisanenstaates" / Von unserem Korrespondenten

Locarno, im November

Im Norden der oberitalienischen Provinz Piemont zieht sich die Grenzlinie in über 4000 Meter Höhe über die Spitzen und Kämme der südlichsten Alpenkette. Sie wird markiert durch Namen wie Mont-Blanc, Großer Sankt Bernhard, Matterhorn, Breithorn und Monte Rosa-Gruppe. An schönen Föhntagen strahlt das blendende Weiß der Gletscher herunter in die flimmernde Hitze der Po-Ebene und der oberitalienischen Seen. In dieser heroischen Landschaft hat sich eine blutige Tragödie abgespielt, die ihr Seitenstück in dem freilich noch grausameren Herbstdrama von Warschau findet. Hier wie dort sind Tausende von ebenso leidenschaftlichen wie ahnungslosen Menschen von ihren „Befreiern" in einen aussichtslosen Aufstand gehetzt und schließlich im Stich gelassen worden. In Italien muß der britische Oberkommandierende General Alexander die Verantwortung für das im Val d'Ossola geflossene italienische Blut übernehmen.

Val d'Ossola nennt sich ein Teil des bereits von südlicher Vegetation erfüllten Tales des Flusses Toce, dessen Wasser aus den Gletschern der Monte Rosa- und der Simplon-Gruppe herunterbrausen, um sich im Angesicht der Borromeischen Inseln in den Lago Maggiore zu ergießen. Hauptort ist das Städtchen Domodossola, einst großer Handelsplatz an der in die Schweiz führenden Simplon-Straße, seit Erbauung der Simplon-Eisenbahn jedoch sehr in den Schatten von Mailand gerückt. In dieses Grenzgebiet mit seinen zahlreichen unwegsamen Bergtälern hatten sich nach dem Herbst 1943 Tausende von verstörten, verängstigten oder auch kriegsunlustigen Italienern geflüchtet: Soldaten, die mit ihrer Uniform auch die Ehre ihrer Armee wegwarfen, politisierende Abenteurer und kommunistische Agenten, entwichene englische und amerikanische Gefangene, kurz alle jene Elemente, deren sich die Alliierten gern für ihre dunklen Zwecke im Hinterland der Fronten bedienen. Aehnlich wie auf französischer Seite in den Savoyer Alpen war es einzelnen, zunächst nur kleinen, aber hemmungslosen Banden gelungen, das abseitige Talgebiet ihrem Terror zu unterwerfen. Als dann die alliierten Armeen, im Anmarsch gegen Florenz, schon glaubten, den Sieg über die deutschen Verteidigungstruppen in der Tasche zu haben, ließ Alexander Ende September durch seine Agenten und durch Rundfunk das Signal zum Losschlagen ergehen. Die Banden sollten zusammen mit den im westlichen Piemont wühlenden Partisanen durch Unterbrechung der Verkehrswege und Ueberfälle aus dem Hinterhalt den deutschen Truppen den Rückweg in die östliche Po-Ebene verlegen.

Verantwortungslos, wie der britische Plan war, so leichtfertig gestaltete sich die Aktion. Daß sie militärisch sinnlos war, zeigte sich schon nach wenigen Tagen: weder war die deutsche Armee geschlagen, noch kamen die Partisanen in Piemont irgendwie zum Zuschlagen. Wahrscheinlich war es den Wenigsten um wirklichen militärischen Einsatz zu tun, schon gar nicht den zahlreichen Flüchtlingen der Badoglio-Armee. Wohl aber gefiel ihnen das abenteuerliche Herumstreunen durch die herbstlich reiche Landschaft und das Terrorisieren der verängstigten Dörfer. Obendrein kamen sich die Partisanen als politisierende Revolutionäre mutig und wichtig vor in einer Zeit, wo die staatliche Ordnung aus den Fugen geraten zu sein schien. Bald bemächtigten sich auch hier die

Karte: Fischer

kommunistischen Agenten der Führung. Ihre Helfer und Schreier aber entstammten auch hier nicht etwa den bäuerlichen Einwohnern des Tales, sondern überwiegend der Mailänder Unterwelt. Wenn sich auch manche Ansässige schließlich verleiten ließen, sich als „Guerriglieri" in die revolutionären „Brigaden" einzureihen, die aus dem Unterland heraufgekommen waren.

Zersetzungswille, Ahnungslosigkeit und Geschäftstüchtigkeit standen gleichzeitig dem mit Handgranaten und Gewehrschüssen aufgerichteten „Partisanenstaat" von Domodossola zu Gevatter. Eine „Giunta" spielte republikanische Regierung und ein ehemaliger sozialdemokratischer Arzt namens Tibaldi machte sich zum Zivilpräfekten, der in Dörfern und Weilern bis hinauf zur Schweizer Grenze seine kommunistischen Agenten zu Unterpräfekten mit Leibgarden und pompösen Kokarden ernannte. Seine Brigaden und Banden breiteten sich fächerförmig in den Bergtälern aus, überfielen im nächtlichen Dunkel die einsamen Wacht- und Zollposten und requirierten für den allgemeinen und noch mehr für den persönlichen Bedarf, was die ärmlichen Dörfchen hergaben.

Rache an denen, die in der faschistischen Zeit die staatliche Ordnung verkörperten, war leicht zum zugkräftigen Schlachtruf zu machen. Es genügte, Beamter des faschistischen Italien gewesen zu sein, um durch die Straßen vor ein Tribunal geschleift zu werden. Der Besitz eines Bauernhofes, eines größeren Hauses oder eines Sparheftes machten verdächtig, ein Feind des Volkes zu sein. Flüchtlinge, denen die ausgestandenen Aengste aus den Augen schauten, berichteten bei ihrer Ankunft auf Schweizer Boden von Bluturteilen der in Domodossola und in den Dörfern tagenden Partisanen-Tribunale, von Konzentrationslagern und Enteignungen. Binnen weniger Tage war der Versorgungsapparat so völlig außer Funktion, daß der Hunger die Menschen aus dem Städtchen auf die Dörfer und in die Felder trieb, wo die reifenden Maiskolben der Bauern und die Trauben der Winzer Brot und Reis ersetzen mußten. Bauern und Händler weigerten sich, ihre knappen Vorräte gegen das wertlose Papiergeld der Terroristen herauszugeben. Die beiden einzigen Eisenbahnen lagen still; weder aus Oberitalien, noch aus der Schweiz konnten Lebensmittel herangeschafft werden. Ueber 60 000 Menschen, die in diesem Partisanen-Musterstaat gefangen saßen, waren dem Hunger preisgegeben, sofern sie nicht am Leben bedroht waren. In den letzten Septembertagen kamen stündlich dringendere Hilferufe über die Bergkämme hinüber in die Schweiz. Eine vom Roten Kreuz veranlaßte Sendung von Kartoffeln vermochte die Not in Domodossola nicht fühlbar zu lindern. Für die auf 14 000 Menschen angeschwollene Einwohnerschaft von Domodossola standen täglich nicht einmal 500 Liter Milch zur Verfügung.

So standen die Dinge, als sich die Führung der deutschen und der republikanisch-faschistischen Verbände entschloß, mit dem kommunistischen Terror im Toce-Tal aufzuräumen. Um ein Entkommen der Banden zu unterbinden, scheint die Säuberungsaktion durch eine planvolle Abschnürung des „Partisanenstaates" eingeleitet worden zu sein. Wenigstens berichteten die an der Schweizer Grenze einlaufenden Meldungen vom Aufmarsch der Truppen sowohl an der Toce-Mündung bei Pallanza als auch am Ufer des Lago Maggiore bei Cannero und Cannobio. In mühsamem Vordringen mußten die steilen Bergtäler, die vom See aufsteigen, überwunden werden, um die Stoßtrupps hinüber in das Vigezzo-Tal und damit in den Rücken der nördlichen Flanke zu bringen. Ein wilder Kleinkrieg mußte gegen die in Felsen und Dörfern verbarrikadierten Banden geführt werden. Wohl waren diese nur selten mit schweren Waffen ausgestattet, aber das Gelände beschränkte andererseits den Einsatz von Geschützen, Panzerwagen und Flugzeugen.

Die Bevölkerung der Täler wurde von einer wilden Panik ergriffen. Zu Tausenden flohen die Verängstigten in die Berge. Die Züge der Simplon-Bahn nach der Schweizer Grenze waren zum Bersten überfüllt. Andere kletterten über unwegsame Berge, um eine Zuflucht auf Schweizer Boden zu finden. Soweit es sich um am Kampf unbeteiligte Zivilpersonen handelte, konnten sie nach einer ersten Hilfeleistung bald wieder in ihre Heimatdörfer zurückgeschickt werden. Aber die offensichtlich ihrer Verantwortung entflohenen oder der Gefangennahme entwichenen Partisanen mußten sich in die Internierung hineinfinden. Bald stellte sich heraus, daß auch die Mehrzahl der Giunta-Mitglieder es im kritischen Augenblick vorgezogen hatte, sich in die Schweiz zu flüchten. Ein anderer Teil mußte sich schließlich gefangen geben, als es den deutschen und den national-italienischen Verbänden bis Mitte Oktober gelungen war, ein Bergtal nach dem anderen und den Hauptort von den Terroristen zu befreien.

Wie von einem Alpdruck erlöst, atmeten die Zwangsuntertanen des „Partisanenstaates" auf, als mit der Ordnung auch wieder die Lebensmittel eintrafen. Wie nicht anders zu erwarten, hatte es schon vor dem Zusammenbruch schwere Differenzen unter den royalistischen und den kommunistischen Revolutionären gegeben. Die gutgläubigen Mitläufer hatten schnell erkannt, welchem Verbrechertum sie sich zur Verfügung gestellt hatten; alle aber begriffen zu spät, daß sie bedenkenlos von den Engländern mißbraucht und am bitteren Ende genau so verraten worden waren wie die Warschauer Polen.

Am 3. Dezember 1944 berichtete die nationalsozialistische Wochenzeitung «Das Reich» über die «Befreiung» der Ossoelanerinnen und Ossolaner aus den Klauen der «Terroristen».

verlegt. Andererseits zogen Wehrmacht und SS rund dreissig Einheiten zusammen.

Die knapp 4000 ossolanischen Partisanen standen nun 3500 schwer bewaffneten und kriegserfahrenen Männern gegenüber. Doch sie blieben gelassen, denn sie rechneten fest mit der Hilfe der Alliierten (Kapitel 7). Nicht ganz zu Unrecht. Am 25. und 26. September hatten alliierte Jagdbomber Stellungen der Besatzungstruppen in Luino, Gravellona und Baveno bombardiert, und das Signal zum Abwurf von Waffen und Munition war von Radio London bereits zum zweiten Mal ausgestrahlt worden. Bei diesem Luftangriff, einer der wenigen alliierten Bombardierungen in dieser Region, wurden auch drei Passagierboote getroffen. Rund 100 Personen, darunter zahlreiche faschistische Soldaten, ertranken im Lago Maggiore. Die Widerstandskämpfer waren überzeugt, dass weitere Unterstützung aus der Luft bald kommen würde und hatten dafür Abwurffelder und sogar zwei Flugplätze in Druogno und bei Domodossola angelegt.

Die alliierten Flugzeuge mit dem Material für die Partisanen in Norditalien starteten in der Regel im süditalienischen Brindisi. Der Ort war bereits im September 1943 befreit worden. Zum Einsatz kamen schwere britische Halifax-Bomber, die zu Frachtflugzeugen umgebaut worden waren. Um der deutschen Flugabwehr auszuweichen, flogen die Maschinen entlang der gesamten Adriaküste, ausserhalb der Reichweite der Fliegerabwehrkanonen, nordwärts und dann Richtung Alpen.

Sobald die Flugzeuge, die meist in Gruppen von zwei bis drei Maschinen flogen, im Zielraum angekommen waren, wurde die Fracht abgeworfen. Die schnell wechselnden Wetterbedingungen in den Bergen erschwerten dieses Unterfangen für die Piloten jedoch erheblich. Und diese Bedingungen waren im September und Oktober 1944 katastrophal. Das hat eine Auswertung der Daten von Schweizer Wetterstationen an der Grenze zur Ossolaregion ergeben. Nicht nur regnete es überdurchschnittlich viel, es war auch oft und dicht bewölkt, was die Sicht massiv erschwerte und Luftabwürfe fast unmöglich machte. Das Material, wenn es denn ankam, war in einzelnen Metallbehältern verstaut, die mit Fallschirmen bestückt waren. Für eine normale Materiallieferung von drei bis vier Tonnen waren zwischen zwanzig und dreissig Behälter nötig.

Die Halifax-Bomber wurden von polnischen Piloten geflogen, die in der Royal Air Force ausgebildet worden waren und dort seit dem Überfall auf Polen 1939 gegen die Nationalsozialisten kämpften. Nach dem Abwurf kehrten die Flugzeuge jeweils so schnell wie möglich nach Brindisi zurück.

Warschau hatte Priorität

Die von den Partisanen seit Mitte September erwartete Hilfe kam jedoch nicht. Die Alliierten hatten ihre Pläne kurzfristig geändert und konzentrierten sich nun auf die Geschehnisse im Osten. Dort hatte die polnische Heimatarmee am 1. August 1944 die deutschen Besatzer in Warschau angegriffen. Die rund 40 000 polnischen Kämpfer versuchten, die Stadt noch vor der schnell vorrückenden Roten Armee zu befreien. Nur dank massiver Hilfe der westlichen Alliierten, vor allem durch Abwürfe von Material und Waffen, konnte die polnische Heimatarmee diesen erbitterten Kampf einige Wochen ausgeglichen gestalten. Doch das war nicht genug. Die Aufständischen mussten am 2. Oktober 1944 kapitulieren.

Die Planänderung der Alliierten hatte fatale Folgen für den Widerstand im Ossolagebiet, denn in diesen entscheidenden Wochen gingen praktisch alle Materiallieferungen nach Polen. Ohne die dringend benötigten Ressourcen der Briten und Amerikaner war die Verteidigung der kleinen Republik zum Scheitern verurteilt.

Unter den Namen *Avanti* begann am 9. Oktober 1944 die Rückeroberung der Region durch deutsche Truppen und Einheiten des Mussolini-Regimes. Die Partisanen setzten erstmals nicht auf die bewährte Guerillataktik, sondern wollten das Gebiet wie eine traditionelle Armee verteidigen. Das war ein strategischer Fehlentscheid, denn weder verfügten die Verteidiger über das taktische Verständnis, noch über das nötige Kriegsmaterial, um auf diese Weise zu kämpfen. Sie hatten es beispielsweise versäumt, strategisch wichtige Orte zu besetzen und die Verteidi-

Oktober 1944: Flüchtende aus dem Ossolagebiet beim Grenzübertritt in Gondo (VS).

gung in mehreren geografisch gestaffelten Linien zu planen oder wichtige Brücken zu sprengen. Ausserdem funktionierte die Zusammenarbeit der verschiedenen Partisanenformationen auch in dieser heiklen Phase nicht. Es war abzusehen, dass der Widerstand nur kurz währte. Bereits am 14. Oktober 1944 marschierten die Besatzungstruppen in Domodossola ein. Bei der Rückeroberung hatten sie eine klassische Zangenbewegung angewendet: Einheiten der Republik von Salò und Verbände der SS-Polizei rückten von Intra aus Richtung Domodossola vor, während weitere SS-Polizisten das Cannobinatal und das Valle Vigezzo hinaufzogen. Die Verluste auf Seiten der Deutschen und der Salò-Einheiten waren mit weniger als fünfzig Todesopfer sehr gering. Im Gegensatz dazu fielen mehr als 500 Partisanen und ebenso viele Kämpfer wurden in deutsche Arbeitslager deportiert. Am 23. Oktober wurde die Republik offiziell aufgelöst, über 10 000 Menschen flohen in die Schweiz.

Zwei Drittel der Partisanen waren gefallen, gefangengenommen oder ebenfalls über die Grenze geflohen. Die Erwachsenen, die sich in die Schweiz gerettet hatten, wurden in Flüchtlings- und Internierungslagern untergebracht, die Kinder auf Gastfamilien im ganzen Land verteilt. Dass der Nachbarstaat im Herbst 1944 seine Grenzen ohne grosse Bürokratie geöffnet hatte, ist bis heute im kollektiven Gedächtnis der Bevölkerung der Ossolaregion haften geblieben. Möglich gemacht hatte diese Massenflucht auch eine Lockerung der Schweizer Flüchtlingspolitik im Juli 1944. Spätestens mit der Landung der Alliierten in der Normandie hatte sich die militärische Lage gewendet und eine Niederlage Hitlerdeutschlands wurde immer wahrscheinlicher. Damit sank das Risiko von deutschen Übergriffen. Mehrere Berichte der Schweizer Botschaft in Budapest über die prekäre Lage der Juden in Ungarn hatten die Verantwortlichen des zuständigen Eidgenössischen Politischen Departements zudem aufgeschreckt.

Nach dem Zweiten Weltkrieg wurde die Partisanenrepublik Ossola in Italien immer wieder als Modell für einen demokratischen Staat dargestellt. Ein Modell, das innert kürzester Zeit eine funktionierende Zivilverwaltung hervorgebracht hatte. Wer hätte gedacht, dass es schon einige Tage nach der Proklamation der Republik möglich war, wieder in die Schweiz zu telefonieren.

Armando Calzavara (links), auf einer Fotografie aus dem Winter 1943, war früh in den Widerstand gegangen. Entsprechend gross war sein Selbstverständnis als Partisanenkommandant und entsprechend klein seine Bereitschaft, einen Teil der Macht abzugeben.

Partisanen der Division *Piave* im Kampf mit den Besatzungstruppen. Das Bild wurde am 11. Oktober 1944 im Cannobinatal nahe der Schweizer Grenze aufgenommen. Wenige Tage später werden diese Männer ins schweizerische Spruga fliehen.

Auch Truppen der RSI, wie diese Männer der Schwarzen Brigaden, waren an der Rückeroberung des Ossolagebiets im Herbst 1944 beteiligt.

Ein jüdischer Partisan im Ossolagebiet

Eine ganz spezielle Geschichte innerhalb des ossolanischen Widerstands ist jene des jüdischen Widerstandskämpfers Renzo Coen. Geboren 1924 in Genua, wuchs er nach dem frühen Tod der Mutter gemeinsam mit der älteren Schwester und dem Vater, einem Geigenbauer, in Mailand auf. Nach Einführung der italienischen Rassengesetze 1938 wurde den Coen-Kindern der Schulbesuch verwehrt. Doch dabei blieb es nicht. Die Vorschriften für Juden wurden immer strenger, die Lage für sie immer bedrohlicher. Nach dem Waffenstillstand zwischen Italien und den Alliierten vom 8. September 1943 und der darauffolgenden deutschen Besetzung Italiens flüchtete die Familie in die Schweiz. Während der Vater und die Schwester in Internierungslagern in der Deutschschweiz ausharrten, wollte der mittlerweile 19-jährige Renzo nicht untätig bleiben. Ein Jahr nach seiner Ankunft in der Schweiz, am 22. September 1944, floh Coen aus dem Internierungslager *Castello di Trevano* bei Lugano – er war im Tessin geblieben, weil er seine Studien fortsetzen wollte und es in der Deutschschweiz keine entsprechende Schule gab – und schloss sich den Partisanen in der Region Ossola an. Als Mitglied der *Matteotti*-Brigade kämpfte er nun gegen die deutschen und faschistischen Besatzer.

Renzo Coens Engagement währte nur einen knappen Monat. Nach dem Zusammenbruch der Partisanenrepublik Ossola wurde er auf der Flucht vor den Besatzungstruppen am 18. Oktober an der Grenze bei den Bagni di Craveggia schwer verletzt. Der jüdische Widerstandskämpfer konnte sich zwar in die Schweiz retten, erlag jedoch seinen Verletzungen zwei Tage später im Spital *La Carità* in Locarno.

Peron, Maria (1915–1976)

Peron war eine Krankenschwester aus Padua. Sie schloss sich im September 1943 dem Widerstand an und wurde Teil der Partisanenformation *Valdossola.* Sie war oft an vorderster Front anzutreffen, wo sie verletzte Widerstandskämpfer medizinisch versorgte und teilweise sogar notoperierte. Nach dem Krieg arbeitete Maria Peron in einer Radiologie-Abteilung als Krankenschwester weiter. Sie starb 1976 an den Strahlenschäden, die sie sich während dieser Arbeit zugezogen hatte.

Pellanda, Luigi (1885–1961)

Pellanda stammte ursprünglich aus Crodo und war katholischer Priester. Er wirkte in Varzo, Domodossola sowie in Oira und vermittelte den Waffenstillstand zwischen den Partisanen und den Besatzungstruppen vom 9. September 1944. Nach dem Krieg schrieb er ein Buch über die Ereignisse in der Ossolaregion während des Zweiten Weltkriegs. *L'Ossola nella tempesta* erschien 1954 und gilt bis heute als wichtige Quelle für die Ereignisse rund um die Partisanenrepublik Ossola. Luigi Pellanda starb 1961 und wird in der Region rund um Domodossola immer noch verehrt.

Floreanini, Gisella (1906–1993)

Floreanini war eine italienische Widerstandskämpferin und die erste Ministerin Italiens. Sie war die einzige Frau in der Regierung der Partisanenrepublik Ossola und schrieb damit Geschichte. Nach dem Krieg wurde sie Gemeinderätin in Domodossola und setzte sich für die politischen Rechte der Frauen in Italien ein, in dessen Parlament sie 1946 gewählt wurde. Nach ihrem Tod 1993 wurde sie in Domodossola begraben.

Massara, Enrico (1918–2009)

Massara war ein piemontesischer Partisan. In der italienischen Armee war er bis zur deutschen Besetzung Italiens im Herbst 1943 als Panzersoldat aktiv gewesen. Wie viele andere schloss er sich sofort dem Widerstand an. Nach dem Tod von Filippo Beltrami im Februar 1944 kämpfte Massara für Di Dios Division *Valtoce.* Als die Besatzungstruppen das Gebiet der Partisanenrepublik Ossola im Oktober 1944 zurückeroberten, floh Enrico Massara in die Schweiz. Zurück in Italien gründete er nach dem Krieg das *Istituto Storico della Resistenza* in Novara und war auch politisch aktiv.

COEN, RENZO (1924-1944)

Coen war ein jüdischer Partisan aus Genua. Er wuchs zusammen mit seiner Schwester Giovanna und dem Vater in Mailand auf. Im September 1943 floh die Familie in die Schweiz. Ein Jahr später kehrte Renzo Coen nach Italien zurück und schloss sich den Partisanen im Ossolagebiet an. Mit der *Matteotti*-Brigade kämpfte er dort gegen die Besatzer. Während des Zusammenbruchs der Partisanenrepublik Ossola wurde Coen am 18. Oktober 1944 an der Schweizer Grenze von Besatzungstruppen schwer verletzt. Er starb zwei Tage später im Spital *La Carità* in Locarno.

Alliierter Luftabwurf für die Partisanen in der Region Mottarone (zwischen dem Ortasee und dem Lago Maggiore). Das Bild stammt vermutlich aus dem Frühjahr 1945.

7
ALLIIERTE HILFE

Trotz der ausbleibenden Hilfe im Herbst 1944 steht fest, dass der Widerstand in der Region Ossola ohne die Unterstützung der Alliierten gar nicht fähig gewesen wäre, einen Waffenstillstand mit den Besatzern zu schliessen und deren Abzug – wenn auch nur für einige Wochen – zu erzwingen.

Begonnen hatten die Verbindungen zwischen Briten, Amerikanern und der ossolanischen *Resistenza* im Herbst 1943. Nach dem Waffenstillstand zwischen Italien und den Alliierten vom 8. September konnten einige hundert alliierte Kriegsgefangene aus den für einen kurzen Zeitraum unbewachten Lagern in Novara, Biella und Varese entkommen. Dabei handelte es sich hauptsächlich um *Commonwealth*-Soldaten, die in Nordafrika oder Griechenland gefangen genommen worden waren. Da die Italiener im Gegensatz zu den Deutschen keine grossen Lager in Afrika betrieben, wurden diese Männer nach Italien überführt und dort interniert.

Die Flüchtlinge suchten einen Weg in die Schweiz, deren Südgrenze in diesen turbulenten Wochen ebenfalls nur schwach bewacht wurde. Insgesamt kamen so innerhalb kürzester Zeit zahlreiche alliierte Soldaten auf schweizerisches Gebiet. Die Routen verliefen durch die Monte-Rosa-Region, über die Alpenkette am Passo Moro oder über den Lago Maggiore. Für die Überquerung des Sees und oft auch für die geheimen Routen durchs Gebirge waren die Flüchtenden jedoch auf Hilfe angewiesen. Diese erhielten sie von italienischen Widerstandskämpfern.

Früh gegründete Partisanengruppen wie die Brigade *Cesare Battisti* ermöglichten gegen eine Gebühr die Überfahrt in die Schweiz. Die an den Ufern des Lago Maggiore aktive Formation hatte den Vorteil, dass ihr Anführer Armando Calzavara gut Englisch sprach. Gratis war dieser

«Service» jedoch nicht. Finanziell war das Einschleusen von alliierten Kriegsgefangenen in die Schweiz für die Guerillas weniger lohnend als etwa der Transport wohlhabender Juden. Für den Kampf gegen die Besatzungstruppen waren diese Dienste jedoch essenziell, denn mit der geleisteten Hilfe stieg bei den Alliierten das Ansehen und das politische Gewicht einer Partisanenformation wie beispielsweise jener von Calzavara. Das schlug sich letztendlich in einer beträchtlichen Anzahl an Materialabwürfen für die Männer der Brigade *Cesare Battisti* nieder.

Nach dem Krieg wurde der Schmuggel von entflohenen alliierten Soldaten in die Schweiz dann doch noch lukrativ. Die alliierte Verwaltung in Italien bezahlte nachträglich eine Entschädigung dafür. In der Folge wurden von den Partisanen des Ossolagebiets tausende von Anträgen gestellt und meist auch bewilligt. Für eine wirkliche Prüfung der Gesuche fehlten oft genaue Informationen, weshalb sie vielfach aus einem «Bauchgefühl» heraus beurteilt werden mussten. Die zuständigen Kommissionen arbeiteten in einer Grauzone, welche auch Betrügern eine Türe öffnete. Das war nicht zu verhindern. Trotzdem waren die alliierten Beamten am Ende überzeugt, den grössten Teil der Entschädigungen für wirklich geleistete Hilfe ausbezahlt zu haben.

Alliierte Nachrichtendienste in der Schweiz

Die Unterstützung der ossolanischen Partisanen durch das amerikanische *Office of Strategic Services* (OSS) und die britische *Special Operations Executive* (SOE) erfolgte hauptsächlich aus der Schweiz. Das neutrale Land im Herzen Europas war, wie bereits während des Ersten Weltkriegs, zur zentralen Drehscheibe der Nachrichtendienste geworden. Nachdem Vichy-Frankreich im November 1942 von Deutschland und Italien besetzt worden war, sah sich die Schweiz vollständig von Achsenmächten umgebend und war dadurch weitgehend isoliert. Diese geopolitische Lage bot dem OSS und der SOE ideale Voraussetzungen für ihre Operationen. Die beiden Nachrichtendienste profitierten von der direkten Grenze zum Dritten Reich und zu Italien und damit von einem einfachen Zugang zu den dortigen Widerstandsnetzwerken. Ausserdem sahen die Schweizer Behörden nicht so genau hin, obwohl ihnen die Spionagetätigkeit im eigenen Land durchaus bewusst war. Im Gegenteil, die Schweiz profitierte sogar davon. Etwa, wenn das OSS und die SOE geheime Informationen über deutsche Truppenverschiebungen weitergaben. Allerdings waren auch deutsche Geheimdienste in der Schweiz aktiv. Beim nördlichen Nachbarn drückte die Eidgenossenschaft ebenfalls mehr als einmal ein Auge zu. Die Kontakte waren hier allerdings spärlicher. Fazit: Die Schweizer Behörden wussten weitgehend über die Spionagetätigkeiten Bescheid und versuchten, eine Balance zwischen Kontrolle und Duldung zu halten. Dabei spielte der Nutzen für die eigene Sicherheitspolitik eine wichtige Rolle.

Trotz der gemeinsamen Zielsetzung, die italienischen Partisanen zu unterstützen und die deutsche Besatzung zu schwächen, war das Verhältnis zwischen OSS und SOE angespannt und von Konkurrenz und Misstrauen geprägt. Dies zeigte sich in einer mangelhaften Koordination, die auf tiefere strukturelle Unterschiede zwischen den beiden Nachrichtendiensten zurückzuführen war. Das OSS unter der Leitung des späteren CIA-Direktors ALLEN DULLES war stark auf die langfristige geopolitische Positionierung der USA nach dem Krieg fokussiert. Der britische SOE-Ableger in der Schweiz wurde von JOHN MCCAFFERY geführt und hatte einen etwas anderen Fokus. Seine Aktionen waren in ihrem Ansatz oft direkter und weniger auf langfristige Ziele ausgerichtet. Die Briten strebten danach, unmittelbare militärische Erfolge zu erzielen, damit die Achsenmächte zu destabilisieren und so die eigenen Kriegsanstrengungen zu unterstützen. In der Praxis entwickelte sich aus diesen unterschiedlichen Ansätzen bald eine starke Rivalität, insbesondere in Italien. Während die Präsenz der SOE in den Balkanregionen dominant war, versuchte das OSS in Italien seine Eigenständigkeit zu beweisen und die Briten zu übertrumpfen.

Die Differenzen waren auch in den politischen Haltungen der beiden Dienste ersichtlich. Das OSS ging oft pragmatische Allianzen ein. So wurden auch kommunistische oder linkspolitische Gruppen unterstützt, solange sie wirkungsvoll gegen die Deutschen kämpften. Die

Im Mai 1945 wurde Aldo Icardi zum Ehrenbürger von Busto Arsizio in der Provinz Varese ernannt. Acht Jahre später verurteilte ihn ein italienisches Gericht wegen der Ermordung von William Holohan zu einer lebenslangen Haftstrafe.

SOE bevorzugte hingegen auffällig häufig monarchistische oder konservative Formationen, die den globalen politischen Interessen der Briten näherstanden. Diese unterschiedlichen Präferenzen verschärften die Rivalität und führten letztlich immer wieder zu fehlender Abstimmung vor Ort. Verschiedene Missionen operierten häufig ohne Koordination nebeneinander, was zu Verwirrung und Doppelspurigkeiten führte. Das OSS bemühte sich zudem, die britische SOE in Bezug auf Materiallieferungen und Unterstützung «ihrer» Partisanen zu übertreffen, was die Entfremdung zwischen den beiden Verbündeten weiter verstärkte und auch die Einigkeit der Widerstandskämpfer nicht wirklich förderte.

Die tragische OSS-Mission von Major Holohan

Wie schwierig und improvisiert solche alliierten Missionen waren, zeigt exemplarisch die «Chrysler-Mission» des amerikanischen Majors William Holohan. Ende September 1944 sollte der OSS-Mann gemeinsam mit dem italienischsprachigen Nachrichtenoffizier Aldo Icardi und einigen einheimischen Agenten die zersplitterten Partisanengruppen am Ortasee, an der südlichen Grenze der Region Ossola, zusammenführen und die Koordination von künftigen alliierten Waffenlieferungen übernehmen. Dazu war erst einmal eine gründliche Überprüfung der Lage nötig, denn die Alliierten verdächtigten einige Widerstandsgruppen, die gelieferten Waffen für eigene Zwecke zu verwenden. Das sollte nicht mehr passieren und künftig nur noch Formationen beliefert werden, die wirklich gegen die Deutschen kämpften. Schon bald war Holohan klar, dass die Partisanen nicht nur zerstritten, sondern teilweise sehr auf den eigenen Vorteil bedacht waren. Er ordnete daher per Funk einen Stopp von weiteren Materialabwürfen an.

Die «Chrysler-Mission» installierte sich in einer Villa am Ortasee. Sie war mit insgesamt 100000 US-Dollar (heute circa 1,5 bis 2 Millionen Franken) grosszügig dotiert. Mit dem Geld sollte Holohan Versorgungsgüter beschaffen, Informanten bezahlen oder Widerstandsgruppen finanziell unterstützen. Das Geld weckte schon bald Begehrlichkeiten in den verschiedensten Kreisen und Holohan begann sich um seine Sicherheit zu sorgen. Nicht nur suchten die Besatzungstruppen intensiv nach den «Chrysler»-Leuten, auch übten einige Partisanenformationen massiven Druck auf sie aus und sollen sogar Morddrohungen ausgesprochen haben. Unter ihnen auch Gruppen aus dem nahe gelegenen Ossolagebiet. Besonders die kommunistischen *Garibaldini* drohten dem Amerikaner. Nicht zuletzt, weil er gute Beziehungen zur Division *Valtoce* pflegte und so zwischen die Fronten der beiden politisch unterschiedlichen Lager geriet.

Anfang Dezember 1944 flüchtete Major Holohan gemeinsam mit seinem Team aus der Einsatzzentrale am Ortasee. Dabei verschwand er für immer. Und mit ihm das gesamte Missionsgeld. Sein Stellvertreter Aldo Icardi behauptete später, dass die Gruppe von Deutschen angegriffen und sein Vorgesetzter dabei wohl getötet worden sei. Für das OSS schien dies glaubhaft, sie trugen William Holohan in die Gefallenenliste ein. Der Italo-Amerikaner übernahm die Stelle des Majors und führte die «Chrysler-Mission» fort. Doch damit war die Geschichte noch lange nicht zu Ende. 1950 bargen italienische Ermittler die Leiche des OSS-Majors aus dem Ortasee. Zwei Einschusslöcher im Schädel und Giftspuren im Magen waren starke Indizien für eine Ermordung von Holohan. Aldo Icardi wurde in den 1950er-Jahren in Italien wegen Mordes angeklagt und zu einer lebenslänglichen Haftstrafe verurteilt. Holohans ehemaliger Stellvertreter weilte jedoch in den USA und wurde nicht ausgeliefert. Er entkam so der Strafe. Anders als Icardi mussten zwei Partisanen, die dem OSS-Mann angeblich bei der Ermordung des Majors geholfen hatten, für mehrere Jahre ins Gefängnis. Bis heute sind der Tod von William Holohan und das Verschwinden des Missionsgelds nicht restlos aufgeklärt worden.

Neben Materialabwürfen und Geldzahlungen unterstützten die Alliierten die Widerstandskämpfer auch mit Informationen und Knowhow. Letzteres wurde den Partisanen durch amerikanische und britische Agenten vermittelt, die sich den Guerilla-Einheiten anschlossen. Die Geschichtsschreibung der *Resistenza* hat die Präsenz der Alliierten in der Region Ossola oft aufgebauscht. In der Realität bestand die personelle

Unterstützung grösstenteils aus geländeerfahrenen Soldaten, die von den Alliierten «vor Ort» in den Offiziersrang erhoben wurden. Damit sollte der Eindruck erweckt werden, dass die Partisanen hochgeschätzte Partner der Briten und Amerikaner waren. Das waren sie jedoch nur, solange sie nach dem Willen und im Dienst der Alliierten agierten. Diese hatten beispielsweise kein Interesse, im nördlichsten Teil von Italien eine zweite Front zu eröffnen. Ebenso wenig war es ihre Intention, ein starkes, politisch linksstehendes Partisanenheer aufzubauen, das nach dem Krieg zu einem Machtfaktor in Italien geworden wäre. Viele Briten, auch innerhalb der Armee, waren Anhänger der Monarchie. Diese Haltung stand in starkem Widerspruch zu dem, wofür viele Partisanen täglich ihr Leben riskierten.

Insgesamt war der Widerstand in der Ossolaregion für die Alliierten höchstens ein Nebenschauplatz. Ganz im Gegensatz zu anderen norditalienischen Gebieten wie beispielsweise Biella, wo durch die «Mission Cherokee» 3000 Partisanen mit Waffen und Munition ausgerüstet wurden. Es war einer der grössten Materialabwürfe der Alliierten in Italien, bestehend aus modernsten Gewehren, Maschinenpistolen, Maschinengewehren, der passenden Munition, Sprengstoffen sowie Funkgeräten, medizinischen Versorgungsgütern und Kleidung. Diese Mission, die im November 1944 begann, schwächte die deutschen Truppen im Piemont empfindlich. Die Besatzer mussten einen erheblichen Teil ihrer Kräfte für die Bekämpfung der nun gut ausgerüsteten Partisanen einsetzen. Aus diesem Grund fehlten einige Einheiten an der Front. Vergleicht man die «Mission Cherokee» mit dem Agieren der Alliierten in der Region Ossola wird klar, welche bescheidene Bedeutung sie den Geschehnissen an der Schweizer Grenze wirklich beigemessen hatten.

Mehr Moral als Material

Für die Partisanen im Ossolagebiet wurden zwischen September 1943 und April 1945 rund dreissig Materialabwürfe getätigt. Ausserdem fanden in dieser Zeit drei kleinere Verbindungsmissionen statt: Alliierte

Soldaten bereiten 1944 Behälter für den Abwurf in Europa vor. Ein Teil davon war für die Partisanen in Norditalien bestimmt. Die zylindrischen Container enthielten Waffen, Munition und Sprengstoff. Für eine Standardlieferung von drei bis vier Tonnen waren zwischen zwanzig und dreissig solcher Behälter nötig.

Luftabwurf für Partisanengruppen in der Region Mottarone (zwischen dem Ortasee und dem Lago Maggiore), vermutlich im Frühjahr 1945.

Agenten kamen per Fallschirm in die Region, um danach weiter nach Varese oder Mailand zu gehen. Von dort aus koordinierten sie die Informationen innerhalb der verschiedenen alliierten Einheiten. Insgesamt war die materielle Hilfe also bescheiden. Dazu kommt, dass ein Teil der erwähnten Abwürfe von den Besatzern abgefangen wurde oder an unerreichbaren Orten niedergingen.

Moralisch hat die Unterstützung der Alliierten jedoch dazu beigetragen, die ossolanischen Partisanen zu motivieren und den Kampf gegen die deutschen und faschistischen Besatzer auch nach Rückschlägen bis zum Ende des Kriegs im April 1945 weiterzuführen.

Indirekte Hilfe erhielten die Widerstandskämpfer auch aus der Schweiz. Am 7. September 1944 wurde in der «Weisung der Armeeleitung betreffend Aufnahme einzelner fremder Wehrmänner» festgelegt, dass Partisanengruppen nun auf Schweizer Gebiet zugelassen werden konnten, solange sie nicht kriminell waren, es sich also nicht um «Räuberbanden» handelte. Das war bemerkenswert, half der Verteidigung der Partisanenrepublik Ossola (Kapitel 7) jedoch wenig. Allerdings rettete diese Weisung bereits einen guten Monat nach ihrem Erlass, im Oktober 1944, Dutzende von Menschenleben.

Die Verbindung zwischen den Alliierten und den ossolanischen Partisanen endete am 13. November 1944 ziemlich abrupt. In einer Rundfunkansprache forderte der britische Feldmarschall HAROLD ALEXANDER, Oberbefehlshaber der alliierten Streitkräfte im Mittelmeerraum, alle Partisanen hinter der Gotenlinie auf, während der kommenden Wintermonate auf grosse bewaffnete Aktionen zu verzichten und ihre Kräfte zu schonen. Gleichzeitig wurden die Materiallieferungen der Alliierten praktisch eingestellt. Die Widerstandskämpfer in der Poebene und in den Alpen wurden damit faktisch sich selbst und – noch schlimmer – den deutsch-faschistischen Truppen überlassen. Diese hatten Alexanders Botschaft ebenfalls gehört und konnten nun ungestört gegen die Partisanen im Norden Italiens vorgehen. Das taten sie daraufhin besonders grausam in der Emilia-Romagna und in Ligurien, wo neben Widerstandskämpfern auch unzählige Zivilisten getötet wurden.

Die Gotenlinie war für die Alliierten lange Zeit unüberwindbar. Vielfach waren die deutschen Stellungen gut getarnt. Wie diese leichte Feldhaubitze, die von Weinreben verdeckt wird. Das Bild wurde im Spätsommer 1944 gemacht.

War das nur eine ungeschickte Kommunikation oder steckte mehr hinter der sogenannten Alexander-Proklamation? Da die Alliierten südlich von Bologna an der Gotenlinie feststeckten und in den bevorstehenden Wintermonaten unmöglich weiter vorrücken konnten, war eine Schonung der Kräfte auf den ersten Blick sinnvoll. Die Angst vor einem zu grossen kommunistischen Einfluss, wie er etwa von Tito in Jugoslawien aufgebaut worden war, spielte allerdings ebenfalls eine Rolle. Die bereits starken und grossen norditalienischen *Garibaldi*-Brigaden sollten nicht noch stärker unterstützt werden. Vor allem nicht in einer Zeit, in der die Alliierten blockiert waren und deshalb keine Kontrolle über die Geschehnisse hinter der Gotenlinie hatten. Besonders die Briten wollten verhindern, dass Italien nach dem Krieg prosowjetisch regiert werden würde. Gleichzeitig versuchte Harold Alexander mit seiner öffentlich vorgetragenen Botschaft, das fragile Gleichgewicht zwischen den westlichen Alliierten, der Sowjetunion und den Tito-Partisanen zu wahren. Im Grenzgebiet zwischen Italien und Jugoslawien, in Istrien, Dalmatien und Triest, war es zu verschiedenen Konflikten zwischen den Partisanen der beiden Länder gekommen. Eine zu starke Unterstützung der italienischen Widerstandskämpfer hätte diese Spannungen erheblich verschärft und die Alliierten in eine sehr unangenehme Lage gebracht. Somit wurde der Widerstand in Norditalien mit der Alexander-Proklamation in erster Linie aus strategischen und geopolitischen Gründen zurückgebunden.

Dulles, Allen (1893–1969)

Dulles studierte Jura und trat früh in den diplomatischen Dienst ein. Nach einem kurzen Gastspiel in Wien arbeitete er zwischen 1917 und 1919 in der US-Gesandtschaft in Bern. Dort war er für die Beschaffung von Informationen zuständig. Obwohl es noch keinen offiziellen amerikanischen Nachrichtendienst gab, wirkte Dulles bereits wie ein Spion. Während des Zweiten Weltkriegs war er am Aufbau des OSS beteiligt und agierte von 1942 bis 1945 wiederum aus der Schweiz heraus. Dabei war er insbesondere für die militärische und wirtschaftliche Unterstützung der Partisanen im Ossolagebiet und für die «Operation Sunrise» verantwortlich. Diese geheimen Verhandlungen zwischen hohen Vertretern der USA und Grossbritanniens sowie SS-General Karl Wolff fanden im März 1945 in Lugano, Zürich und Ascona statt und verkürzten den Zweiten Weltkrieg in Italien um einige Tage. 1953 wurde Allen Dulles zum ersten zivilen CIA-Direktor der USA ernannt. Die Basis für diesen rasanten Aufstieg hatte er mit seinen OSS-Aktionen, unter anderem jenen im Ossolagebiet, gelegt.

McCaffery, John (1905–1981)

McCaffery war ein britischer Geheimagent und leitete den Nachrichtendienste SOE in der Schweiz. Der Schotte wollte ursprünglich Priester werden. 1940 trat er in die SOE ein. Zusammen mit Dulles unterstützte er den Widerstand im Ossolagebiet. Nach dem Krieg schrieb John McCaffery seine Erfahrungen aus dem Krieg nieder. Sein Manuskript *No pipes or drums* wurde jedoch nie veröffentlicht. McCaffery lebte später als Landwirt in Irland und starb 1981.

Holohan, William (1904–1944)

Holohan war ein amerikanischer Jurist. Er hatte in Harvard Recht studiert und war in den 1930er-Jahren Anwalt bei der US-Börsenaufsicht. 1941 wurde er in den Dienst der US-Armee eingezogen, 1944 trat er in das OSS ein und wurde nach Algier geschickt. Dort war er für Organisation und Überwachung von Materialabwürfen für Italien zuständig. Im Sommer 1944 wurde Holohan zum Leiter der «Chrysler-Mission» bestimmt und sprang im September per Fallschirm hinter den feindlichen Linien der Deutschen ab. Am 6. Dezember 1944 verschwand William Holohan. Er war höchstwahrscheinlich von seinem Stellvertreter Aldo Icardi ermordet worden. Seine Leiche, die in einen Schlafsack gewickelt war, wurde 1950 aus dem Ortasee geborgen. Bis heute konnten die Umstände, die zum Tod des OSS-Majors geführt hatten, nicht restlos aufgeklärt werden.

Icardi, Aldo (1921–2011)

Icardi war der Sohn italienischer Einwanderer und wuchs in Pittsburgh auf. Er studierte Politikwissenschaften und trat 1942 in die US-Armee ein. 1943 wurde er zum OSS versetzt und ein Jahr später der «Chrysler-Mission» zugeteilt. Nach dem Tod von William Holohan übernahm Aldo Icardi die Leitung der Mission. Nach dem Krieg kamen immer mehr Zweifel an der Geschichte des Italo-Amerikaners auf. Nach dem Geständnis zweier Partisanen und des Funkers der Mission, wurde Icardi 1953 in Italien wegen Mordes an Holohan zu einer lebenslänglichen Haftstrafe verurteilt. Er weilte jedoch in den USA und wurde nicht ausgeliefert. Zwei Jahre später musste sich Aldo Icardi allerdings auch in der Heimat vor Gericht rechtfertigen. Zwar lautete die Anklage nicht auf Mord, sondern auf Meineid, aber der Kern der Sache war derselbe: der mysteriöse Tod von William Holohan. Die US-Behörden warfen Icardi vor, in seinen Aussagen zum Tod des Majors gelogen zu haben. Er wurde jedoch 1956 freigesprochen. Später arbeitete Aldo Icardi als Anwalt in Pennsylvania und Florida. Auch nach seinem Tod 2011 bleibt der Mord an OSS-Major William Holohan ungeklärt. Zwar sprechen die Indizien klar gegen Icardi, einen sicheren Beweis, dass er seinen Vorgesetzten ermordet hat, gibt es jedoch bis heute nicht.

Alexander, Harold (1891–1969)

Alexander war ein britischer General, der bereits im Ersten Weltkrieg gedient hatte. 1940 kommandierte er den Rückzug der britischen Truppen bei Dünkirchen. Nach einem Intermezzo in Nordafrika wurde Harold Alexander 1943 Oberbefehlshaber der alliierten Streitkräfte in Italien. Nach dem Krieg berief ihn Winston Churchill als Verteidigungsminister in seine Regierung. Alexander starb 1969 in England.

Ab dem 16. Oktober 1944 war die Situation bei den Bagni di Craveggia sehr angespannt. Zu diesem Zeitpunkt hatten sich bereits mehrere hundert Partisanen in der Nähe der Grenze versteckt. Sie hatten vor, in die Schweiz zu fliehen.

8

TESSINER WIDERSTANDSBEWEGUNGEN

Aus dem angrenzenden Tessin erhielten die ossolanischen Partisanen eine breite Unterstützung. Zentral war dabei die Bevölkerung des Südkantons, die den Widerstandskämpfern oft und auf unterschiedlichste Weise half: mit Geld, Kleidung oder Lebensmitteln. Auch die Tessiner Presse war mehrheitlich auf der Seite der Partisanen und gab ihnen eine öffentliche Plattform. Mitgetragen wurde der Freiheitskampf im Ossolagebiet zudem von der Kirche. Man kann also sagen, dass der Kanton Tessin ziemlich geschlossen hinter den ossolanischen Partisanen stand.

Einige Männer gingen jedoch noch weiter. Sie stammten hauptsächlich aus der Region Locarno und unterstützten die Partisanen aktiv oder kämpften sogar in ihren Reihen gegen die Deutschen und die italienischen Faschisten. Beispielsweise Silvio Baccalà aus Brissago, der tagsüber als Gärtner im Gewerkschaftshotel Brenscino arbeitete und nachts die Partisanen entlang der Ghiridone-Pfade in Richtung Cannobinatal begleitete. Oder Vincenzo Martinetti, der Vater der bekannten Tessiner Sängerin Nella Martinetti. Er kämpfte in den Reihen der Division *Piave* und wurde dort schnell zu einer wichtigen Figur. Auch Gabriella Antognini spielte für den ossolanischen Widerstand eine entscheidende Rolle. Die Kommunistin aus Locarno versteckte zwischen 1943 und 1945 gemeinsam mit ihrer Schwester Partisanen, die aus Schweizer Internierungslagern geflohen waren, und brachte sie zurück nach Italien, wo sie erneut gegen die Besatzer kämpfen wollten. Zudem übermittelte das Schwesternpaar Nachrichten zwischen den Partisanen in der Schweiz und jenen im Ossolagebiet. Das brachte sie immer wieder in Schwierigkeiten mit den Tessiner Behörden, obwohl diese versuchten, grosszügig wegzusehen. Antognini musste 1945 eine einwöchige Haftstrafe absitzen, weil sie beim illegalen Grenzübertritt und mit ein-

1941 besuchte General Henri Guisan den Grenzposten Monte Generoso. Die Schweizer Politik stimmte währende des Zweiten Weltkriegs nicht immer mit derjenigen des Kantons Tessin überein.

deutigen Nachrichten für den Widerstand im Gepäck erwischt worden war.

Unter den Tessiner Helfern befanden sich auch einige ehemalige Kämpfer aus dem Spanischen Bürgerkrieg, die eine gewisse Kriegserfahrung mitbrachten. LINDO MERALDI aus Ascona war so einer. Meraldi beteiligte sich in den Reihen der *Garibaldi*-Brigaden aktiv im ossolanischen Widerstand. Er wurde 1944 von den Deutschen gefangen genommen und verbrachte mehrere Monate in Novara in Haft. Andere kombinierten Geschäft und Unterstützung: EMANUELE BIANDA machte während des Krieges mit Schmuggelwaren ein Vermögen und unterstützte gleichzeitig den Widerstand in der Ossolaregion, vor allem mit Waffen und Munition. Nach dem Krieg pachtete Bianda das Gelände auf dem Maggiadelta und liess dort den *Aerodromo Ascona* bauen. Der private Flugplatz wurde 1947 eröffnet. Zu den Nutzern gehörten bekannte Grössen wie Dirigent Herbert von Karajan oder der deutsche Schauspieler Heinz Rühmann. Sie machten in Ascona ihren Pilotenschein oder erneuerten ihre Lizenz, da die Alliierten den deutschen Luftraum bis 1955 mit starken Beschränkungen belegten.

Auf das Material aus dem Tessin waren die Partisanen dringend angewiesen. Vielfach kämpften sie mit Messern oder gar mit blossen Händen. Nur etwa ein Drittel der Männer verfügte über Schusswaffen. Diese konnten sie ausserdem oft nicht benutzen, da ihnen schlichtweg die Munition dazu fehlte. Daran änderte auch die Hilfe der Alliierten nicht viel (Kapitel 7). Dieses Defizit konnten teilweise durch Waffenlieferungen aus dem Tessin wettgemacht werden.

Die Lieferungen wurden über diverse Schmugglerrouten, die in der Vergangenheit vor allem für den Transport von Lebensmitteln und Tabak genutzt worden waren, ins Ossolagebiet gebracht. Wussten die Schweizer Behörden davon? Oft ja, und noch öfter drückten sie beide Augen zu. Transportiert wurde das Material teilweise sogar mit der Centovalli-Bahn, die zwischen Domodossola und Locarno verkehrte. Manchmal kamen die Partisanen auch in die Schweiz, um Waffen und andere Güter «abzuholen». Etwa per Boot auf die Inseln von Brissago. Diese wurden nach dem Tod des letzten Besitzers 1940 nur noch von einem Verwalter bewohnt und dienten als Umschlagplatz. Der Weg aus Italien war kurz, die Widerstandskämpfer konnten die Inseln sehr schnell aus dem nur sechs Kilometer entfernten Cannobio ansteuern. Ausserdem war eine Kontrolle hier fast unmöglich.

Die Waffen für den Widerstand im Ossolagebiet stammten meist von den Alliierten. Allerdings tauchte auch Material aus dubiosen Quellen auf. So wurden einigen Partisanen nach ihrem Grenzübertritt im Herbst 1944 Waffen aus den Beständen der Schweizer Armee abgenommen. Wie diese in die Hände der Widerstandskämpfer gekommen waren, kann bis heute nur teilweise nachvollzogen werden. Sicher ist, dass es während des Zweiten Weltkriegs zu Diebstählen in den Lagern der Armee gekommen war. Ein Zusammenhang liegt da nahe …

Besonders für die Division *Piave,* die von Vincenzo Martinetti logistisch betreut wurde, war die Schweizer Grenze sehr durchlässig. Der «Grenzgänger» und Tessiner Widerstandskämpfer wurde nach dem Ende des Zweiten Weltkriegs von den Partisanenorganisationen des Ossolagebiets für seine ausserordentlichen Dienste ausgezeichnet. Ein Schweizer Militärgericht verurteilte ihn indessen wegen Verletzung der Neutralität zu einer Busse und vier Monaten Gefängnis.

Die Rolle der Tessiner Regierung

Die meist nicht legale Hilfe aus dem Tessin hatte auch mit der kantonalen Regierung zu tun. Diese war eigentlich konservativ, die an der Regierung Beteiligten wie der Mittepolitiker Giuseppe Lepori, der Freisinnige Fulvio Bolla oder der Sozialist Guglielmo Canevascini hatten aber grundsätzlich eine Abneigung gegen den Faschismus. Das hatte mehrere Gründe: Die autoritären Strukturen des italienischen Faschismus standen in einem eklatanten Widerspruch zu den in der Schweiz und im Tessin fest verankerten demokratischen Werten. Die Beteiligung Italiens an der Seite Francos im Spanischen Bürgerkrieg hatte diesen Gegensatz zusätzlich vertieft. Ausserdem war die Ermordung von Giacomo Matteotti, eines führenden italienischen Sozialisten,

Zwischenbericht.

Bis heute sind den italienischen Partisanen bei ihrem Uebertritt an der tessinisch-italienischen Grenze insgesamt 13 Maschinenpistolen schweizerischer Herkunft, Modell 43/44, abgenommen worden; ferner rund 67oo dazu passende M.P. Patronen. An 9 dieser M.P. konnte die Nummer entziffert werden, bei den übrigen waren sie vollständig weggefeilt.

Die noch nummerierten 9 M.P. stammen aus der Fabrik Hispano-Suiza in Genf. In diesem Zusammenhang hat sich folgendes ergeben.

Die Firma Hispano-Suiza hat am 14. August 1944 dem amerikanischen Militärattaché General Legge (U.S.A.) das erwähnte M.P. Modell 43/44 in Genf vorgeführt. General Legge bestellte darauf zunächst 2oo Stück dieser Waffe, die zwischen dem 25. und 3o. August 1944 instruktionsgemäss beim Konsulat der U.S.A. in Genf abgeliefert wurden. Zu jeder M.P. wurden ferner 2ooo Patronen verkauft und mitgegeben. Die Zahlung dieser Lieferung erfolgte durch den Militärattaché.

Die Firma Hispano-Suiza erklärt, für diese Lieferung die Bewilligung der K.T.A. eingeholt zu haben, was noch zu überprüfen ist.

Durch wen und wo diese Waffen und die Munition in der Folge über die Grenze geschafft worden sind, konnte noch nicht abgeklärt werden, weil die Hauptbeteiligten noch nicht gefasst werden konnten.

Immerhin darf auf Grund der bisherigen Erhebungen angenommen werden, dass das erwähnte Kriegsmaterial auf diplomatischem Wege von Genf auf das hiesige Konsulat der U.S.A. gelangt ist. Der eigentliche Transport über die Grenze wurde dann offenbar organisiert durch italienische Flüchtlinge, die das besondere Vertrauen unseres militärischen Informationsdienstes und damit gewisse Vorteile genossen haben, die sie dann missbrauchten. Um den Sachverhalt genau feststellen zu können, muss ich verschiedene Angehörige des diplomatischen Korps der U.S.A. einvernehmen. Ich möchte dies nicht tun, bevor ich genau orientiert bin, wie weit in diesem Falle die Exterritorialität der beteiligten Diplomaten reicht.

Der Munitionsdiebstahl in Melide konnte noch nicht abgeklärt werden.

Der Waffenhandel mit den ossolanischen Partisanen erreichte ein Ausmass, das weit über das bisher Bekannte hinausging. Mittelsmänner auf beiden Seiten organisierten Lieferungen, wobei die Region um Locarno zu einer regelrechten Waffen-Handelszone wurde. Die Schweizer Behörden bekämpften diesen Schmuggel zwar, jedoch mit mässigem Erfolg.

ein Schock für die Schweizer und besonders für die Tessiner Politiker gewesen. Faschistische Schläger hatten Matteotti 1924 in Rom entführt und brutal ermordet. Das hatte aus Schweizer Sicht nichts mehr mit einem Rechtsstaat zu tun und schadete dem Ansehen des Faschismus langfristig. Gleichzeitig steigerte dieser Vorfall im Tessin den politischen Willen, den Kampf gegen diesen immer brutaler werdenden Faschismus zu unterstützen, ob dies nun den von der Eidgenossenschaft auferlegten Regeln entsprach oder nicht.

Auch aus dem Wallis erhielten die Partisanen viel Unterstützung. Zwar liessen die schwierigen topografischen Verhältnisse keine schnellen Waffenlieferungen zu, doch nach dem Fall der Partisanenrepublik Ossola fanden hier viele Flüchtende Asyl und wurden medizinisch versorgt.

Martinetti, Vincenzo (1908–1992)

Martinetti war ein Tessiner Widerstandskämpfer und Vater der Sängerin Nella Martinetti. Er kämpfte in den Reihen der Division *Piave* und organisierte die gesamte Logistik dieser Formation: Von Locarno aus verschob Martinetti Waffen und Personen über die Grenze und brach dabei mehr als einmal das Gesetz. Nach dem Ende des Zweiten Weltkriegs zeichnete der ossolanische Widerstand den Tessiner aus. Die Schweizer Behörden verurteilten ihn wegen Verletzung der Neutralität zu vier Monaten Haft auf Bewährung.

Antognini, Gabriella (1910–1988)

Antognini war eine Tessiner Krankenschwester. Zusammen mit ihrer Schwester Maria half sie zwischen 1943 und 1945 ossolanischen Partisanen, die aus der Internierung geflüchtet waren, zurück in ihre Heimat zu gelangen, um dort weiter gegen die Besatzer zu kämpfen. Ausserdem überbrachte sie Nachrichten der Widerstandskämpfer auf beiden Seiten der Grenze. Nach dem Krieg setzte sich die Kommunistin für die Rechte der Arbeiter und der Frauen ein und zog 1971 als erste Frau in den Gemeinderat von Locarno ein.

Baccalà, Silvio (1911–1990)

Baccalà war ein einfacher Gärtner, der sich während des Krieges stark für die Sache der Partisanen einsetzte. Er wurde zum ersten Mal von Matthias Knauer im Rahmen seines Dokumentarfilms «Die unterbrochene Spur» interviewt. Der Film von 1982 zeigt verschiedene Geschichten von Schweizern, die Verfolgte über die Grenze gebracht und versteckt hatten.

Meraldi, Lindo (1913–2000)

Meraldi war ein überzeugter Tessiner Antifaschist. Er zog 1937 in den Spanischen Bürgerkrieg, wo er sich den *Garibaldi*-Brigaden anschloss. Nach seiner Rückkehr in die Schweiz wurde er Widerstandskämpfer im Ossolagebiet. 1944 fiel er faschistischen Truppen in die Hände, die ihn mehrere Wochen in einem Gefängnis in Novara festhielten. Nach dem Krieg widmete sich Meraldi seinem Hobby, dem Radfahren. Neben einem Velogeschäft trainierte er auch einige junge Tessiner Radrennfahrer.

Bianda, Emanuele (1912–1990)

Bianda war ein Tessiner Geschäftsmann und Unterstützer des ossolanischen Widerstands. In den Jahren 1943 bis 1945 organisierte er von Ascona aus die Logistik verschiedener Partisanenformationen. Nach dem Krieg gründete Emanuele Bianda den Flugplatz Ascona, der viele illustre Gäste ins Tessin lockte. Nicht zuletzt, weil Prominente wie der Stardirigent Herbert von Karajan hier ihre Fluglizenz machen konnten. Im eigenen Luftraum, den die Alliierten bis 1955 kontrollierten, war dies nur schwer möglich. Bianda blieb im Tessin als «Mister Ascona» in Erinnerung.

Lepori, Giuseppe (1902–1968)

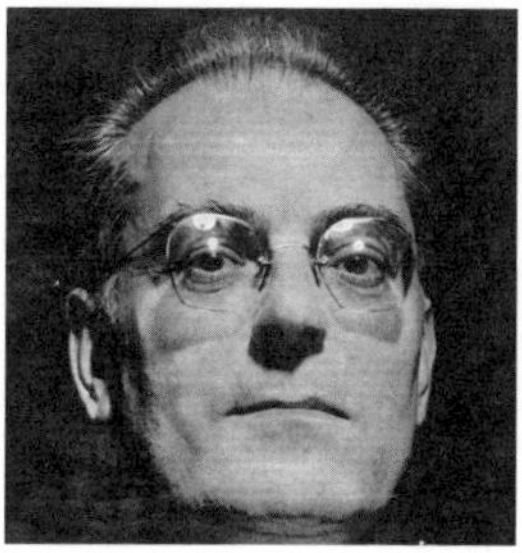

Lepori war ein konservativer Bundesrat, Journalist und Anwalt. Als Redakteur der Zeitung *Popolo e Libertà* verfolgte er eine klare antifaschistische Linie. Während des Zweiten Weltkriegs, als Tessiner Staatsrat und Polizeidirektor setzte er sich für die Aufnahme von jüdischen und politischen Flüchtlingen ein. Er unterstützte die Partisanen nach dem Zusammenbruch der Republik Ossola. 1959 erlitt Giuseppe Lepori einen Schlaganfall und trat aus der Landesregierung zurück.

Bolla, Fulvio (1892–1946)

Bolla war ein einflussreicher Tessiner Journalist und Politiker. Nach dem Mathematikstudium arbeitete er als Lehrer und Dozent in Lugano. Als Herausgeber der *Gazzetta Ticinese* (1929–1943) vertrat er zunächst rechtsorientierte Positionen, wandte sich aber ab 1938 entschieden gegen den Faschismus. Seine demokratischen Artikel während des Zweiten Weltkriegs erschienen im Band *Difesa spirituale*. Fulvio Bolla war Tessiner Grossrat (1935–1943), Grossratspräsident (1940) und ab 1943 Staatsrat.

Canevascini, Guglielmo (1886–1965)

Canevascini war ein Tessiner Politiker. Der Sozialdemokrat war von 1922 bis 1959 Staatsrat und versuchte 1940 Bundesrat zu werden. Vergebens. Interessanterweise beherbergte der überzeugte Antifaschist zwischen 1908 und 1910 mehrmals einen jungen sozialistischen Revolutionär namens Benito Mussolini. Guglielmo Canevascini war die treibende antifaschistische Kraft im Tessin. Er setzte sich aktiv für die Unterstützung der ossolanischen Partisanen ein.

MATTEOTTI, GIACOMO (1885–1924)

Matteotti war ein italienischer Politiker und Antifaschist. Er stellte sich aktiv gegen den aufstrebenden Mussolini und bezahlte dafür mit seinem Leben. Nach einer mutigen Rede gegen die faschistischen Machenschaften wurde Giacomo Matteotti im Juni 1924 von faschistischen Schlägern entführt und ermordet. Der Tod Matteottis war ein Wendepunkt im italienischen Faschismus. Von nun an wurde die angestrebte Diktatur immer offensichtlicher.

Das Internierungslager in Büren an der Aare im Kanton Bern, aufgenommen um 1940.

9

OSSOLA-PARTISANEN IN SCHWEIZER INTERNIERUNGSLAGERN

Trotz moralischer Unterstützung aus dem Wallis und handfester, meist halblegaler Hilfe aus dem Tessin brach die Partisanenrepublik Ossola im Oktober 1944 wie ein Kartenhaus zusammen (Kapitel 6). Die meisten Widerstandskämpfer flohen daraufhin in die nahe Schweiz. Möglich machte dies der bereits erwähnte Befehl der Schweizer Armeeführung vom 7. September 1944. Diese «Weisung betreffend Aufnahme einzelner fremder Wehrmänner» besagte, dass «einzelnen Wehrmännern kriegführender Mächte, die sich auf schweizerisches Gebiet flüchten wollen, der Übertritt bis auf weiteres zu gestatten ist». Allerdings führte diese Weisung zu einigen Unklarheiten. Zwar waren Partisanen bereits früher als militärische Personen bezeichnet worden, doch es fehlte eine genaue Definition dessen, was ein Partisan ist. Die Armeeleitung präzisierte eine Woche später: «Im Hinblick auf die Internierung gelten im Prinzip als Partisanen, die Angehörigen von bewaffneten und kommandierten Formationen, welche eine Regierung unterstützen, die von der im Gebiete der betreffenden Partisanen herrschenden Macht nicht anerkannt ist.»

Im Gegensatz zu Zivilpersonen, deren Asylantrag nach innenpolitischen Kriterien beurteilt wurde, war die neutrale Schweiz durch die Haager Landkriegsordnung von 1907 verpflichtet, Soldaten von kriegführenden Mächten, die auf ihr Gebiet gelangten, zu internieren. Damit sollte verhindert werden, dass diese aus einem neutralen Gebiet ins Kampfgebiet zurückkehren konnten. Mit der Klassifizierung von Partisanen als Militärpersonen hatten die Widerstandskämpfer also de facto eine Garantie, in der sicheren Schweiz bleiben zu können.

Es waren verzweifelte, abgemagerte und teilweise verletzte oder traumatisierte Widerstandskämpfer, die sich in diesem Spätherbst 1944 über die Grenze schleppten. Sie hatten an den letzten harten und hoffnungslosen Gefechten teilgenommen, mit denen die faschistisch-deutsche Rückeroberung des Ossolagebiets doch noch aufgehalten werden sollte. Am 23. Oktober 1944 war das «Projekt Freiheit» endgültig beendet. Nach ihrem schnellen Sieg behaupteten die Faschisten, dass rund 50 000 Menschen in die Schweiz geflohen seien. Das war – bei einer Gesamtbevölkerung der Region von damals etwa 80 000 Personen – masslos übertrieben und sollte den faschistischen Sieg grösser erscheinen lassen, als er wirklich war. Nach heutigem Forschungsstand geht man von maximal 10 000 Flüchtenden aus, davon ungefähr 3500 Partisanen.

Der Krieg im Ossolagebiet war auch ein Kommunikationskrieg. Dabei wendeten Besatzer wie Partisanen die gleiche Taktik an: Durch die Veröffentlichung von beeindruckenden, völlig übertriebenen Zahlen, sollten Taten legitimiert und verherrlicht werden (Kapitel 5). Zudem wollte man so den Gegner einschüchtern und die öffentliche Meinung auf die eigene Seite ziehen. Dabei kam es beiden Seiten gelegen, dass Zahlen oft nur schwer zu verifizieren waren. Hier vermischte sich psychologische Kriegsführung mit Propaganda. Heute würde man wohl von *Fake News* als kriegerischem Mittel sprechen.

Walliser und Tessiner Fluchthelfer

Im Herbst 1944 flüchteten tausende Menschen ins Wallis und in den Kanton Tessin. Die Rettung dieser geflohenen Partisanen war hauptsächlich dem Willen und persönlichen Agieren einzelner Kantonspolitiker zu verdanken. Etwa Nationalrat Karl Dellberg aus Brig. Oder den Tessinern Guglielmo Canevascini und Giovan-Battista Rusca. Wie Dellberg bewegten sich der Tessiner Staatsrat und der Gemeindepräsident von Locarno juristisch und politisch auf sehr dünnem Eis. Zwar gab es die bereits erwähnte «Weisung der Armeeleitung betreffend Aufnahme einzelner fremder Wehrmänner», trotzdem wurde die Schweizer Neutralität mit der Aufnahme von kämpfenden Personen in Frage gestellt und barg das Risiko, eine Krise mit den Achsen-

Aus dem Ossolatal geflüchtete Partisanen treffen am 18. Oktober 1944 hinter der Schweizer Grenze im Dörfchen Spruga ein. Unter ihnen sind auch Zivilisten und Deserteure zu finden. Im Vordergrund ein deutscher Zollgrenzschutzbeamter.

Flüchtende und ihre Kleidung wurden während des Zweiten Weltkriegs an der Schweizer Grenze mit Heissdampf oder chemischen Mitteln wie DDT desinfisziert. Damit sollten Krankheiten und Schädlinge abgetötet werden.

mächten zu provozieren. Aus diesem Grund argumentierte zum Beispiel Karl Dellberg gegenüber der Landesregierung in Bern, dass die Flüchtlinge politisch verfolgt würden und sich in einer humanitären Notlage befänden. Damit rückte er den Vorgang bewusst in einen nichtmilitärischen Zusammenhang und schuf eine rechtliche sowie politisch tragfähige Grundlage für sein Handeln. Den Tessinern und Wallisern gelang es so, die Aufnahme der Widerstandskämpfer als humanitär motivierte Pflicht erscheinen zu lassen und zugleich den Eindruck einer Parteinahme zu vermeiden.

Diese unkomplizierte und stillschweigend geduldete Hilfe von diversen kantonalen Politprotagonisten rettete Tausenden das Leben. Sonst wären die aufgegriffenen Zivilisten deportiert und die gefassten Partisanen mit Sicherheit exekutiert worden. Die Grenzbevölkerung im Wallis und im Tessin, die von den Ereignissen sehr betroffen war und am ehesten wusste, was die deutsche Besatzung und die faschistische Präsenz an der Südgrenze wirklich bedeuteten, übte moralischen Druck auf die lokalen und kantonalen Politiker aus. Dieser Druck bewegte die Verantwortlichen, Entscheidungen zu treffen, die ausserhalb ihrer eigentlichen Kompetenzen lagen. Auf der anderen Seite wurden auch die Kirche, das Schweizerische Rote Kreuz und verschiedene andere Organisationen aktiv, um der Partisanenrepublik zu helfen oder die Aufnahme von flüchtenden Widerstandskämpfern zu organisieren.

Harte Bedingungen in den Internierungslagern

Die Schweizer Gastgeber bereiteten den erschöpften Partisanen allerdings keinen warmen Empfang. Die Kombattanten, die oft monatelang unter schlechten hygienischen Bedingungen gelebt hatten, wurden von Läusen geplagt. Sie und ihre Kleidung wurden nach dem Grenzübertritt sofort desinfiziert. Danach folgten oft lange Vernehmungen. Darin wurden militärische Informationen abgefragt, mögliche Kontakte in der Schweiz eruiert und die Vermögenswerte,

Aus der Ossolaregion geflohene Partisanen kommen im Herbst 1944 auf dem Kasernenareal in Bern an. Danach werden sie in verschiedene Internierungslager verteilt.

Drei Partisanen aus der Region Ossola, fotografiert im Herbst 1944 in Bern. Luigi Fumagalli (Mitte) floh im Januar 1945 aus dem Lager Schwarzsee und kehrte ins Cannobinatal zurück. Der Mann rechts trägt einen Hut der italienischen Gebirgsjägertruppe *Alpini*. Es ist anzunehmen, dass er vor seiner Zeit im Widerstand bei dieser Elitetruppe gedient hat.

- 3 -

Qualifizierung der Formationen der Partisanen. Unter den Partisanen, wie ich schon sagte, befinden sich Mitglieder, die sehr darunter leiden, dass sie mit wenig empfehlenswerten Leuten zusammen sein müssen. Sie trauen aber keine Informationen über die schlechten Elemente zu geben, da sie vor der Rache Angst haben. Aus demselben Motiv ziehen die Kommandanten selber jedes Schweigen vor.

Nicht jede Formation hat denselben Prozentsatz an Verbrechern.
Die Schlimmste von allen ist die Garibaldi Division, weil sich ihr ein Teil des Abschaums aller andern angeschlossen hat.

Politik. Politisch verstehen sie nichts und wissen nur, dass die Kommunisten diejenigen sind, die die Gelder den Reichen entziehen werden um sie unter ihnen zu verteilen. Die Fascisten diejenigen sind, die sie verfolgt und geschlagen haben.

Die Propaganda könnte sehr gefährlich wirken, da es sich zum grössten Teil um unwissende Leute handelt.

Absonderung. Wie oben gesagt ist es die Garibaldi-Formation, die am strengsten bewacht werden muss. Diese Leute sollen die Schweiz verlassen ohne sie gesehen zu haben. Sie wissen schon zu viel über das Vertrauen unseres Volkes. Sie haben schon mit Freude bemerkt, dass es in der inneren Schweiz sehr viele isolierte Häuser gibt, die im Parterre keine Gitter an den Fenstern haben. Nebenbei möchte ich bemerken, dass einer der Chefs der Garibaldi (der sog. Barbisun) Spezialist im Einbrechen von Panzerkoffern ist.
Ich schlage vor, dass die Garibaldi definitiv auf dem Gurnigel bleibt. Dort oben ist sie isoliert und kann leicht bewacht werden.

Der Kommandant dieses Lagers muss, ausser dem Personal über welches er heute verfügt, noch 2 Tessiner Unter-Offiziere haben, die aus dem Auszug stammen.

Qualifikationen.

Formationen	Kommandanten	Bestand		Bemerkungen
		Of.	Total	
Divis.Valtcce	POMINI Pier Luigi	2	527	mittel
" Val d'Ossola	4 Offiziere	4	325	gute Leute
" Garibaldi	RICO e BARBISUN	5	456	schlecht
" Piave	RICCARDI Guido	1	180	mittel
Gruppo Novara	-	-	44	gute Leute
" Valtellina	-	-	23	sehr gut
" Val d'Aosta	-	-	40	" "

Laut Befehl der Ter.Kdo.3 vom 12.11.444 haben wir als Asylunwürdig alle diejenigen Partisanen bezeichnet, die schon einmal in der Schweiz waren, heimgekehrt sind und dann wieder zurück kamen. Ich habe diese Leute am längsten einvernommen, Sie sind nicht freiwillig zurückgekommen, sondern sie wurden im Gefedht an unsere Grenze wieder gedrängt. Sie hatten also keine andere Wahl als Tod oder Ueberschreitung.

Will man wirklich diese Leute als asylunwürdig bezeichnen und wieder herausschmeissen? Ich, persönlich, würde die Verantwortung nicht übernehmen.

Dieses sind die Bemerkungen und Vorschläge, die ich nach nur 3 Tagen Kontakt machen kann. Vielleicht muss ich nächste Woche einige kleine Abänderungen beifügen.

sig. Ten.Col.G.Albisetti

Beurteilung der verschiedenen Partisanenformationen durch die Schweizer Behörden. Das Dokument wurde im November 1944 erstellt.

hauptsächlich Geld, kontrolliert. Alles wurde in sogenannten Einvernahmeprotokollen notiert, die schliesslich auf dem Schreibtisch von Major Max Waibel landeten. Als Offizier des Schweizer Nachrichtendienstes war Waibel in erster Linie an den militärischen Informationen interessiert, die protokolliert worden waren.

Nach dem Verhör wurden die Partisanen in eines der vielen Schweizer Internierungslager gebracht. Wenn die Geflohenen ins Tessin oder ins Wallis eingereist waren, wurden sie in der Regel auf die andere Seite der Alpen gebracht, um eine möglichst grosse, auch sprachliche Distanz, zum Einreiseort und zur Grenze zu schaffen. Damit sollte die Neutralität gewahrt werden. Seit 1939 leitete die Schweizer Armee das eidgenössische Flüchtlingswesen. Sie wollte sich auf keinen Fall von Italien oder Deutschland vorwerfen lassen, dass aus der Schweiz heraus Einfluss auf die grenznahen Gebiete wie beispielsweise die Region Ossola genommen werden konnte.

Die Schweiz hatte seit Kriegsbeginn ein differenziertes System von Internierungslagern geschaffen, um mit den zahlreichen Flüchtlingen umzugehen. Es gab vier Haupttypen von Lagern: Selektionslager zur Registrierung, Quarantänelager zur medizinischen Überprüfung, Auffanglager für unklare Fälle und sogenannte Endlager, auch Arbeitslager genannt, wo die Internierten schliesslich unter militärischer Aufsicht festgehalten wurden.

Die Ossola-Partisanen landeten fast alle in Arbeitslagern in der Deutschschweiz. Zum Beispiel im Kanton Bern, bei Thun, in Mürren, in Finsterhennen, auf dem Gurnigel, in Büren an der Aare oder bei Langenthal. Lager existierten auch in den Kantonen Zürich und Aargau. Für die kommunistischen Partisanen suchten die Verantwortlichen abgelegene Lager, denn «diese Leute sollen die Schweiz verlassen, ohne sie gesehen zu haben». Diese Worte stammen aus einem Dokument des «Territorial-Kommando 3» der Schweizer Armee, das am 20. November 1944 zirkulierte. Die tief verwurzelte Angst vor dem Kommunismus ist deutlich herauszulesen und führte so weit, dass viele *Garibaldini* mit Kriminellen gleichgesetzt wurden: «Nicht jede Formation hat denselben Prozentsatz an Verbrechern. Die Schlimmste von allen ist die Garibaldi Division, weil sich ihr ein Teil des Abschaums aller anderen angeschlossen hat.» In den abgelegenen Lagern, wie im freiburgischen Schwarzsee, sollten diese Männer streng bewacht und so der Kontakt mit der Zivilbevölkerung vollständig vermieden werden, denn «sie wissen schon zu viel über das Vertrauen unseres Volkes».

Auch in den anderen Schweizer Internierungslagern waren die Bedingungen hart. Die Unterkünfte bestanden aus einfachen, schlecht isolierten Baracken, die im kalten Winter 1944/45 besonders ungeeignet waren. Heizungen fehlten meist, was das Leben zusätzlich erschwerte. Die Nahrungsmittel waren knapp, die Verpflegung dürftig. Trotz Unterernährung und Erschöpfung mussten viele Partisanen in der Schweiz arbeiten. Sie wurden in Arbeitskommandos eingeteilt und in der Landwirtschaft, im Strassenbau oder für Lawinenräumungen eingesetzt. Diese Arbeit war verbindlich und erfolgte ohne die Zustimmung der Internierten.

Rückkehr nach Italien

Die harte Haltung der Schweizer Behörden begann sich im Laufe des Jahres 1944 ein wenig aufzuweichen. Ab und zu wurde nun ein Auge zugedrückt, wenn internierte Partisanen aus einem Arbeitslager flüchteten. Hauptsache war, dass die Ausbrecher die Schweiz schnell verliessen. Ab dem Frühjahr 1945 drückten dann die zuständigen Beamten beide Augen zu. Die Lager entvölkerten sich nach und nach. Zu hunderten wollten die Partisanen nach Italien zurückkehren, um erneut gegen die deutschen Besatzer und die Salò-Soldaten zu kämpfen. Technisch gesehen handelte es sich dabei um eine Flucht aus einem Internierungslager. Doch in der Schweiz war man froh, dass die Widerstandskämpfer das Land verliessen. Die Flüchtlinge wurden als Durchreisende betrachtet, die Schweiz hatte absolut kein Interesse, diese Menschen dauerhaft aufzunehmen.

Für diejenigen, die blieben, waren die Arbeitsmöglichkeiten sehr begrenzt. Die Nachfrage nach Arbeitskräften wäre vorhanden gewesen, vor allem in der Land- und der Forstwirtschaft, da viele Schweizer Männer im Aktivdienst standen und es an männlichen Arbeitskräften fehlte. Bewerbungen und Anträge auf Arbeit wurden allerdings nicht sehr schnell bearbeitet, und bei der Analyse von Hunderten Internierten-Akten gewinnt man den Eindruck, dass die Mühlen der dafür verantwortlichen Militäradministration besonders langsam mahlten. Ob dies absichtlich geschah oder strukturell bedingt war, kann heute nicht mehr eruiert werden.

Am 2. Mai 1945 endete die Schweizer «Gastfreundschaft» für die internierten Partisanen aus der Ossolaregion. An diesem Tag trat die Kapitulation der deutschen Streitkräfte in Italien in Kraft. Die Schweiz organisierte sehr schnell lange Zugkonvois und war froh, diese Menschen loszuwerden. In den ersten Mai-Wochen wurden fast alle italienischen Internierten nach Como transportiert. Von dort aus begann für die ehemaligen Lagerinsassen eine Odyssee. Sie mussten selbständig, oft zu Fuss, in ihre Heimat zurückkehren. Das dauerte Tage, manchmal sogar Wochen, denn das Strassennetz war nach dem Krieg mehrheitlich zerstört.

Rusca, Giovan-Battista (1881–1961)

Rusca war ein liberaler Tessiner Politiker und Rechtsanwalt. Der Antifaschist und Gemeindepräsident von Locarno organisierte 1925 die Friedenskonferenz von Locarno. Rusca unterstützte die Widerstandsbewegung in der Region Ossola und setzte sich besonders für die Zivilbevölkerung der Kriegsregion ein. Dafür reiste er im Herbst 1944 sogar in die Partisanenrepublik, was politisch heikel war. Rusca blieb bis 1961 Gemeindepräsident von Locarno.

Dellberg, Karl (1886–1978)

Dellberg war ein Walliser Politiker. Der Sozialdemokrat sass von 1935 bis 1947 in Nationalrat und war ein aktiver Helfer der ossolanischen Partisanen. Karl Dellberg setzte sich dafür ein, dass die geschlagenen Widerstandskämpfer im Herbst 1944 unbürokratisch im Wallis aufgenommen wurden. Der Politiker gehört zu den bekanntesten Figuren des Kantons und prägte diesen während mehreren Jahrzehnten.

Waibel, Max (1901–1971)

Waibel war ein Berufsoffizier und Agent des Schweizer Geheimdiensts. Der studierte Volkswirtschaftler hatte 1937 die Militärakademie in Berlin besucht und in der Schweizer Armee unter anderem als Infanterieausbildner und Generalstabsoffizier fungiert. Ab Februar 1945 vermittelte er in der «Operation Sunrise» zwischen SS-General Karl Wolff und OSS-Chef Allen Dulles eine vorzeitige Kapitulation der deutschen Truppen in Italien. Nach dem Krieg wurde Waibel Militärattaché in Washington und wechselte später in die Privatwirtschaft, wo er Verwaltungsratspräsident einer Privatbank wurde. Als diese 1971 nach betrügerischen Machenschaften Konkurs ging, nahm sich Waibel das Leben.

Victor von Schweinitz (stehend in Zivilkleidung) und Eugen Wenner (sitzend) unterschrieben in Caserta die Kapitulation der deutschen Streitkräfte in Italien.

10

«OPERATION SUNRISE»

Dass die Schweiz bereits ab Anfang Mai 1945 italienische Internierte sehr zügig in ihre Heimat zurückschaffen konnte, hat auch mit einem geheimen Abkommen zu tun. Es war im März in Ascona geschlossen worden und ging unter dem Namen «Operation Sunrise» in die Geschichte ein. Die Vereinbarung regelte die Kapitulation der deutschen Streitkräfte in Italien. Diese trat am 2. Mai 1945 in Kraft. Sechs Tage vor der gesamtdeutschen Kapitulation.

Erste vorsichtige Kontakte wurden bereits ab Spätherbst 1944 geknüpft. SS-General Karl Wolff, seit Juli des gleichen Jahres auch bevollmächtigter General der Deutschen Wehrmacht in Italien und damit einer der mächtigsten Männer der Halbinsel, erkannte, dass der Krieg verloren war. Er suchte deshalb einen Ausweg und streckte seine Fühler Richtung Alliierte aus. Doch Wolff musste äusserst vorsichtig agieren, um nicht als Verräter zu Tode verurteilt zu werden. Mit Hilfe von SS-Obersturmführer GUIDO ZIMMER und SS-Standartenführer EUGEN DOLLMANN liess er Möglichkeiten zur Kontaktaufnahme mit den Westalliierten sondieren. Zimmer schlug vor, über Baron LUIGI PARRILLI, den er seit 1944 kannte, einen Kommunikationskanal zu den Amerikanern einzurichten. Verhandlungen mit den Sowjets kamen für den überzeugten Antibolschewisten Wolff nicht in Frage. Zudem war dem Deutschen durchaus bewusst, dass die Sowjetunion im Gegensatz zu den Westalliierten keine Gnade mit höheren SS-Führern kannte. Die Amerikaner und Briten, in deren Reihen zahlreiche Antikommunisten zu finden waren (Kapitel 8), zeigten sich da offener. Anfangs glaubte Karl Wolff sogar, nach einem allfälligen Abkommen gemeinsam mit ihnen in den Kampf gegen den Bolschewismus ziehen zu können. In einer am 25. August 1947 an den Nürnberger Prozessen gegen das

NS-Regime abgegebenen Erklärung betonte Wolff, er sei im März 1945 in der Hoffnung in die Schweiz gekommen, «die Anglo-Amerikaner doch noch vor Beendigung dieses Krieges von den Russen trennen und Deutschland und Europa dadurch vor dem Kommunismus retten zu können». Die westlichen Alliierten teilten diese Hoffnung jedoch nicht – eine militärische Allianz gegen die Sowjets kam für sie nicht in Frage.

Parrilli kontaktierte daraufhin den Schweizer Pädagogen MAX HUSMANN, der seit 1926 die internationale Internats- und Tagesschule Montana auf dem Zugerberg betrieb. Der Neffe des Italieners war dort zur Schule gegangen. Vielleicht wusste Parrilli deshalb, dass sich Husmann und der Schweizer Nachrichtenoffizier Max Waibel kannten. Über diesen Weg kam schliesslich ein Kommunikationskanal zu Allen Dulles zustande. Der Leiter des OSS in der Schweiz war interessiert, musste jedoch ebenfalls vorsichtig agieren, da sich die Alliierten im Januar 1943 in Casablanca auf eine bedingungslose Kapitulation der Achsenmächte geeinigt hatten. Separatverhandlungen mit feindlichen Gruppen oder Personen waren verboten. Wie bei Karl Wolff spielten auch beim Amerikaner persönliche Interessen eine grosse Rolle. Zwar war Dulles zu einer festen Grösse innerhalb des OSS aufgestiegen, trotzdem war er in Washington nicht unumstritten. Sein überheblicher Auftritt verärgerte andere OSS-Mitglieder ebenso wie die verbündeten Briten. Zudem wurden Dulles' Informationen immer wieder in Frage gestellt, da sie oft von einzelnen Informanten stammten, also nicht durch Zweit- oder Drittquellen bestätigt werden konnten. Das war in Zeiten, in denen die Zukunft des OSS nach dem Krieg ungewiss war, keine Hilfe. Es musste ein Erfolg her. Sowohl für die Organisation wie auch für den persönlichen Lebenslauf des Amerikaners.

Trotz des gegenseitigen Interesses traute Dulles Wolff nicht. Es brauchte schon die ganze Überzeugungskraft von Waibel, Husmann und Parrilli, bis sich der Amerikaner zu einem Treffen mit dem Deutschen bereit erklärte. Vorher allerdings sollte der SS-General als Zeichen seines guten Willens zwei prominente Vertreter der obersten Partisanenführung in Norditalien freilassen: FERRUCCIO PARRI und ANTONIO USMIANI, die Anfang 1945 verhaftet worden waren. Wolff hielt Wort

In diesem Häuschen in Ascona trafen sich die Verhandlungsparteien im März 1945 zu geheimen Gesprächen über die Kapitulation der deutschen Streitkräfte in Italien.

Guido Zimmer (rechts) mit Luigi Parrilli (Mitte) bei einem Treffen mit OSS-Agent und US-Botschaftsmitarbeiter Paul Blum (links) am 3. März 1945 an der Via Nassa in Lugano.

Ohne sie wäre die «Operation Sunrise» wohl nicht zustande gekommen. Von links: Max Husmann, Max Waibel und Luigi Parrilli, hier abgelichtet auf Waibels Landgut Dorenbach bei Luzern.

und brachte die beiden Widerstandskämpfer am 8. März 1945 mit nach Zürich. Sie wurden unter Decknamen in der Hirslanden-Klinik untergebracht und dort gepflegt. Parri, auch «General Maurizio» genannt, war die wohl zentralste Figur innerhalb des italienischen Widerstands und leitete das Befreiungskomitee für ganz Oberitalien. Mit seiner Befreiung war Karl Wolff ein sehr hohes persönliches Risiko eingegangen, denn Parri war der Feind Nummer eins der Besatzungstruppen in Norditalien. Mit dieser Aktion konnte Wolff Dulles' Misstrauen endgültig zerstreuen. Zudem war der Amerikaner nun überzeugt, dass der Deutsche genug Macht besass, um eine mögliche Kapitulation in Italien einzuleiten. Und so kam es am 8. März 1945 zu einem ersten Gespräch zwischen Karl Wolff und Allen Dulles in Zürich. Es war der Start der «Operation Sunrise».

Verhandlungen in Ascona

Zehn Tage später gingen die Verhandlungen in Ascona weiter. Während die Bevölkerung des Tessiner Dorfs das Frühlingsfest zu Ehren des Heiligen Josefs feierte, verhandelten hochrangige Vertreter der Westalliierten und der SS zurückgezogen in der Villa des deutschen Industriellen und Nazigegners Edmund Stinnes über eine mögliche Kapitulation in Norditalien. Während den Gesprächen hielten sich rund dreissig Personen – Dolmetscher, Leibwächter und Agenten – im kleinen Ort auf, ohne dass die Festgemeinde etwas davon mitbekommen hätte. Hauptprotagonisten waren SS-General Karl Wolff, US-Generalmajor Lyman Lemnitzer und der britische Generalmajor Terence Airey. Organisiert hatten das Treffen Max Waibel und Allen Dulles.

Dass sich die Alliierten auf Gespräche mit der SS einliessen, war ungewöhnlich. Einerseits war seit Casablanca klar, dass separate Verhandlungen ausgeschlossen waren. Andererseits wäre in den Augen der Alliierten nicht die SS, sondern die Wehrmacht die «richtige» Ansprechpartnerin gewesen. Letztere verfügte trotz des fortschreitenden Niedergangs des Dritten Reichs noch über eine einigermassen funktionierende Befehlsstruktur und war weniger ideologisiert als die SS. In der Wehrmacht sahen die Alliierten fälschlicherweise den letzten Rest einer regulären Armee, die sich auch im Krieg ehrenhaft verhielt. Im Gegensatz dazu stand die SS, eine politisch motivierte Terror- und Vernichtungsorganisation. Doch mit Hilfe von Husmann und Waibel hatte Wolff die Amerikaner überzeugen können. Dies gab OSS-Leiter Allen Dulles am 10. März 1945 über seinen Vorgesetzten WILLIAM DONOVAN an Präsident Roosevelt weiter: «Wolff ist eine markante Persönlichkeit, und es gibt Hinweise darauf, dass er das gemässigtere Element in der Waffen-SS repräsentiert, verbunden mit einer gewissen Romantik. Er ist wahrscheinlich die dynamischste Persönlichkeit in Norditalien und neben Kesselring die mächtigste.»

Nach dem Treffen in Zürich hatten die USA die Briten mit ins Boot geholt. Vertreter der Sowjetunion fehlten jedoch an diesem 18. und 19. März 1945 in Ascona. Zwar war der Bündnispartner am 11. März über die Verhandlungen informiert worden, eine Einladung zum Treffen ins Tessin erhielten die Sowjets jedoch nicht. Im Gegenteil, Washington teilte ihnen unmissverständlich mit, dass ihre Anwesenheit am Lago Maggiore nicht erwünscht sei. Bei einer allfälligen späteren Kapitulationsunterzeichnung in Caserta wurde der Sowjetunion lediglich eine beobachtende Rolle angeboten. Der weitverbreitete Antikommunismus innerhalb der westlichen Alliierten spielte bei diesem Entscheid ebenso mit, wie die Furcht vor einem zu grossen Einfluss der Sowjetunion im Nachkriegseuropa. Hier zeigten sich bereits die Vorboten des Kalten Kriegs.

An diesen beiden Märztagen im Tessin wurde die geplante Kapitulation der deutschen Streitkräfte in Norditalien weiter vorangetrieben und Karl Wolff definitiv als Vermittler bestätigt. Doch Wolff alleine konnte die Niederlegung der Waffen nicht veranlassen. Zwar war sein Einfluss auf der italienischen Halbinsel und in der angrenzenden Operationszone Alpenvorland (Südtirol) und Teile von Westösterreich gross: Ihm waren alle SS- und Polizeikräfte, die Gestapo, alle Einheiten der Partisanenbekämpfung und über eine Koordinationsfunktion de facto auch die Hilfstruppen der faschistischen Republik von Salò unterstellt. Als bevollmächtigter General der Deutschen Wehrmacht in Italien vertrat

Am 19. März 1945 trafen sich die alliierten Generäle Lemnitzer (Mitte) und Airey (rechts) mit SS-General Karl Wolff in Ascona. Organisiert hatte das Treffen Max Waibel (links).

er zudem die deutsche Armee gegenüber Mussolinis Organisationen. Aber Wolff kommandierte die Fronteinheiten nicht. Diese waren in Italien in der Heeresgruppe C der Wehrmacht vereinigt, die mit mehreren hunderttausend Soldaten gegen die aus Süden vorrückenden Alliierten kämpfte. Diese Heeresgruppe C war die zweite zentrale Macht in Italien. Sie wurde von General HEINRICH VON VIETINGHOFF kommandiert. Sein Vorgänger, Generalfeldmarschall ALBERT KESSELRING, war von Adolf Hitler am 8. März 1945 aus Italien abgezogen worden, um die Führung an der bröckelnden Westfront zu übernehmen.

Verzögerungen auf beiden Seiten

Die Versetzung Kesselrings verzögerte die Kapitulation in Norditalien um rund zwei Wochen. Der ehemalige Oberbefehlshaber der Heeresgruppe C war über Wolffs Sondierungen informiert und duldete sie stillschweigend. Sein Nachfolger Vietinghoff musste erst wieder überzeugt werden, was ein zusätzliches Risiko darstellte und wertvolle Zeit kostete. Aber nicht nur die Deutschen kämpften mit Schwierigkeiten.

Auch auf Seiten der Alliierten lief nicht alles reibungslos. Nach dem Tod des amerikanischen Präsidenten Franklin Roosevelt am 12. April 1945 übernahm sein Vize Harry Truman und befahl, die Verhandlungen abzubrechen. Er wollte die Sowjetunion nicht verärgern. Doch Dulles und vor allem Waibel ignorierten ihn und blieben mit den Deutschen in Kontakt.

Auch die norditalienischen Partisanen erschwerten die geplante Kapitulation. Als Karl Wolff nach einem mehrtägigen Aufenthalt bei Max Waibel auf dessen Luzerner Landgut Dorenbach am 25. April in sein Hauptquartier nach Bozen reisen wollte, wurde er in Cernobbio bei Como von Widerstandskämpfern umstellt. Die «Operation Sunrise» stand erneut vor dem Aus, denn der SS-General musste von Bozen aus die ordnungsgemässe Abwicklung der Kapitulation sichern und beispielsweise eine unkontrollierte Flucht deutscher Truppen Richtung Schweiz verhindern. Dafür brauchte er seinen Führungsstab und sichere Funkverbindungen. Max Waibel organisiert von Lugano aus eine Rettungsmission, um Karl Wolff zurückzuholen. Das Unternehmen gelang und Waibel leitete anschliessend die Ausreise des Deutschen über das sanktgallische Buchs nach Bozen in die Wege.

Am 29. April 1945 endete die «Operation Sunrise» in Caserta bei Neapel. Victor von Schweinitz als Vertreter der Wehrmacht in Italien und Eugen Wenner als Vertreter der SS, die über Chiasso, Luzern und Genf nach Italien gelangt waren, unterzeichneten die Kapitulation der deutschen Streitkräfte in Italien. Sie trat am 2. Mai 1945 in Kraft, später als es die Hauptprotagonisten ursprünglich geplant hatten. Immerhin verhinderte sie sechs Tage unnötiges Blutvergiessen und sie scheint bereits vorher Menschenleben gerettet zu haben. Laut Karl Wolff und Allen Dulles waren seit den Besprechungen in Zürich und Ascona vor allem die Partisanen verschont worden. In einem Rapport vom Mai 1945 über die «Operation Sunrise» fasste Allen Dulles für seinen Vorgesetzten William Donovan die Ereignisse zusammen. Darin erwähnte er auch die am 8. März 1945 in Zürich gefassten Beschlüsse. Unter anderem Wolffs Zusicherung, die aktiven Kampfhandlungen gegen die Partisanen zu beenden und lediglich notwendige Scheinmassnahmen aufrechtzuerhalten, bis die Kapitulation ausgeführt sei. Ob Karl Wolff dieses Versprechen wirklich eingehalten hat, ist bis heute nicht nachweisbar. Dafür fehlen schriftliche Belege. Sicher ist hingegen, dass die Kriegsmüdigkeit der deutsch-faschistischen Truppen seit November 1944 zu einem immer passiveren Verhalten geführt hat.

Dieser Unwille zu kämpfen war ebenfalls einer der Gründe, weshalb die Infrastruktur in Norditalien mehr oder weniger intakt geblieben ist. Dazu kommt, dass Karl Wolff den «Nero-Befehl» des Führers weitgehend ignoriert hat. Adolf Hitler hatte am 19. März 1945 befohlen: «Alle militärischen, Verkehrs-, Nachrichten-, Industrie- und Versorgungsanlagen sowie Sachwerte innerhalb des Reichsgebietes, die sich der Feind für die Fortsetzung seines Kampfes irgendwie sofort oder in absehbarer Zeit nutzbar machen kann, sind zu zerstören.» Das hätte nicht nur den norditalienischen Wirtschaftsraum für Jahre in eine «Wüste» verwandelt, sondern wäre auch für die Schweiz zu einem ernsthaften Problem geworden.

Anders als etwa im norwegischen Hammerfest oder im französischen Brest blieben die für die Schweizer Wirtschaft wichtigen Hafenanlagen in Genua und Savona intakt. Auch zahlreiche Kraftwerke in Norditalien, welche das Nachbarland mit Energie versorgten, wurden verschont. Den grössten Schaden hätte die Schweiz aber sicher mit der Zerstörung der wichtigen Nord-Süd-Transitlinien durch den Gotthard und den Simplon erlitten. Letzterer rückte im April trotzdem in den Brennpunkt des Interesses.

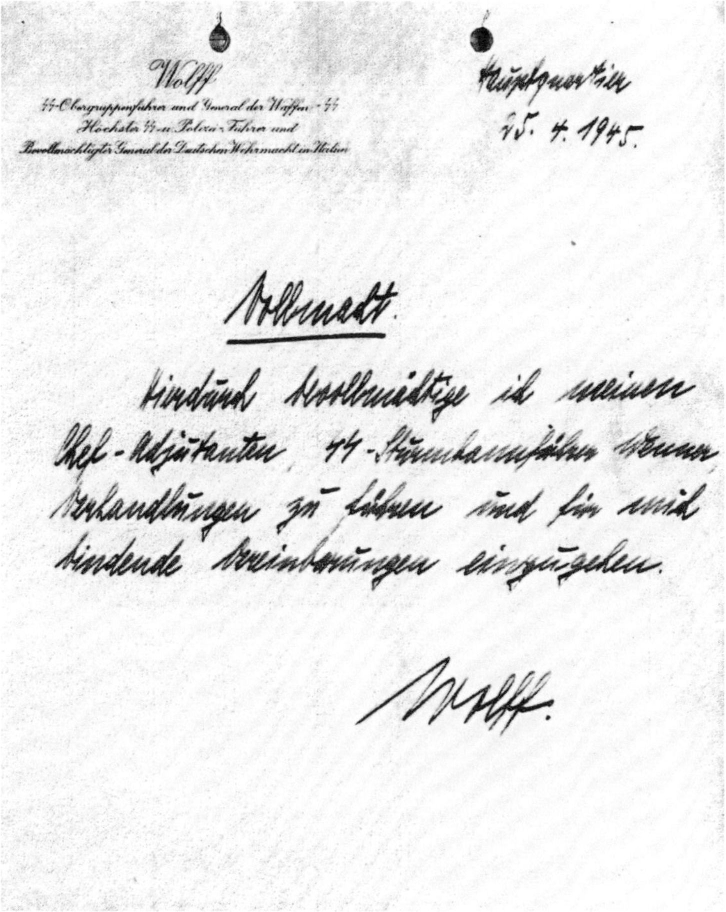

Wolff
SS-Obergruppenführer und General der Waffen-SS
Höchster SS- u. Polizei-Führer und
Bevollmächtigter General der Deutschen Wehrmacht in Italien

Hauptquartier
25. 4. 1945.

Vollmacht.

Hierdurch bevollmächtige ich meinen Chef-Adjutanten, SS-Sturmbannführer Wenner Verhandlungen zu führen und für mich bindende Vereinbarungen einzugehen.

Wolff.

Vollmacht von Karl Wolff an SS-Sturmbannführer Wenner
zur Verhandlung einer Kapitulation.

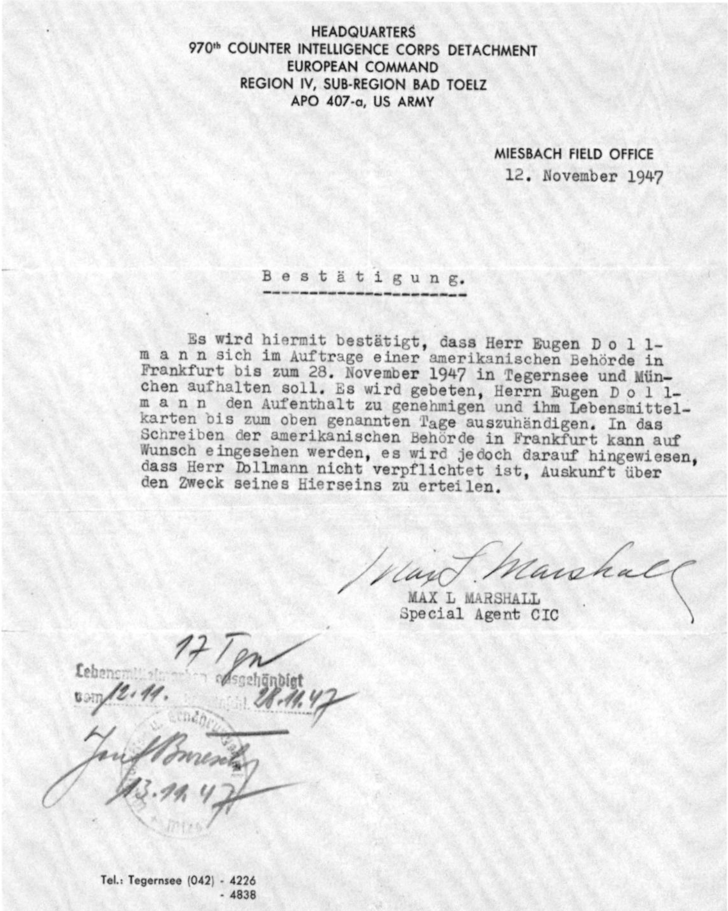

HEADQUARTERS
970th COUNTER INTELLIGENCE CORPS DETACHMENT
EUROPEAN COMMAND
REGION IV, SUB-REGION BAD TOELZ
APO 407-a, US ARMY

MIESBACH FIELD OFFICE
12. November 1947

B e s t ä t i g u n g.

Es wird hiermit bestätigt, dass Herr Eugen D o l l m a n n sich im Auftrage einer amerikanischen Behörde in Frankfurt bis zum 28. November 1947 in Tegernsee und München aufhalten soll. Es wird gebeten, Herrn Eugen D o l l m a n n den Aufenthalt zu genehmigen und ihm Lebensmittelkarten bis zum oben genannten Tage auszuhändigen. In das Schreiben der amerikanischen Behörde in Frankfurt kann auf Wunsch eingesehen werden, es wird jedoch darauf hingewiesen, dass Herr Dollmann nicht verpflichtet ist, Auskunft über den Zweck seines Hierseins zu erteilen.

MAX L MARSHALL
Special Agent CIC

17 Tgn
Lebensmittelkarten ausgehändigt
vom 12.11. bis einschl. 28.11.47
13.11.47

Tel.: Tegernsee (042) - 4226
- 4838

Passierschein der US-Behörden für Eugen Dollmann. Die deutschen Behörden werden angewiesen, auch für die Verpflegung zu sorgen.

Dollmann, Eugen (1900–1985)

Dollmann hatte in München Geschichte, Kunst- und Literaturgeschichte studiert und doktoriert. Später führte er historische Studien in Rom durch. Er trat 1934 in die Auslandsorganisation der NSDAP ein und dolmetschte mehrere Jahre für die beiden deutschen Botschaften in Rom und im Vatikan. Ab 1937 vertrat Eugen Dollmann die SS in Italien und wurde zum Obersturmführer ernannt. Er übersetzte unter anderem für Hitler, Himmler und Mussolini. Anfangs gehörte Dollmann zum Stab von Himmler, wurde aber ab 1943 immer mehr zum Stabsoffizier von Karl Wolff und zu dessen Kontakt zur faschistischen Führung der Republik von Salò. Dabei nutzte der inzwischen zum Standartenführer (Oberst) ernannte Deutsche sein gutes Verhältnis zum *Duce.* Im Mai 1945 wurde er von den Amerikanern in Bozen festgenommen. Dank des Schutzes des OSS und des Vatikans war er jedoch bald wieder auf freiem Fuss und wurde von sämtlichen Listen der Kriegsverbrecher gestrichen. Zwischen 1948 und 1952 lebte er unter dem falschen Namen Eugenio Amonn in Lugano und gab sich als Antiquar aus. 1952 wurde er wegen angeblicher Homosexualität ausgewiesen. Der Dolmetscher stand auch später in Kontakt mit der CIA, der Nachfolgeorganisation des OSS, und war ab 1969 zudem Informant des westdeutschen Geheimdienstes BND.

Zimmer, Guido (1911–1977)

Zimmer trat 1932 der NSDAP und 1936 der SS bei. 1940 wurde er nach Rom versetzt, wo er beim Auslandsnachrichtendienst arbeitete. In Italien gehörte der SS-Obersturmführer (Oberleutnant) zum Stab von Karl Wolff und war Teil der «Operation Sunrise». Nach dem Krieg arbeitete Zimmer für das OSS und Luigi Parrilli. Später war er in der sogenannten Organisation Gehlen aktiv, die mit US-Geld und ehemaligen Nationalsozialisten einen Nachrichtendienst zur Überwachung der Sowjetunion aufbaute. Anfang der 1950er-Jahre wanderte er nach Argentinien aus.

Von Schweinitz, Victor (1908–1985)

Victor von Schweinitz war ein deutscher Industriekaufmann und Offizier der Wehrmacht. Nach Einsätzen an der Ostfront wurde er 1944 nach Italien versetzt. Der Stabsoffizier der Heeresgruppe C unterschrieb als Vertreter der Wehrmacht am 29. April 1945 die Kapitulation in Caserta. Über sein späteres Leben ist nichts bekannt.

Wenner, Eugen (1912–1984)

Wenner war ein SS-Sturmbannführer (Major) und Adjutant von Karl Wolff. In dieser Funktion war er an der «Operation Sunrise» beteiligt. Nach dem Krieg wurde Wenner vom OSS beziehungsweise von Allen Dulles geschützt und deshalb nicht strafrechtlich verfolgt. Offenbar hat er später für die Amerikaner weitergearbeitet.

Parrilli, Luigi (1890–1954)

Parrilli war ein italienischer Adliger und Industrieller. Er besuchte zwischen 1905 und 1908 das Institut Dr. Schmidt in St. Gallen (heute Institut auf dem Rosenberg) und war auch nach seiner Ostschweizer Schulzeit immer mal wieder in der Schweiz. Während des Zweiten Weltkriegs stand er sowohl in Diensten der SS wie auch der Amerikaner. Der Doppelagent war eine der treibenden «Sunrise»-Kräfte. Nach dem Krieg blieb der Italiener dem amerikanischen Geheimdienst erhalten. Allerdings eher als Informant und Vermittler. Mit Allen Dulles tauschte er sich regelmässig aus. Der Baron starb 1954 in Amsterdam.

Husmann, Max (1888–1965)

Husmann war ein eingebürgerter Ukrainer jüdischer Herkunft. Dies war nur möglich, weil seine Vorfahren um 1800 aus dem luzernischen Malters ausgewandert waren. Er studierte Mathematik und Philosophie in Zürich und gründete 1926 das Montana-Institut auf dem Zugerberg. Husmann hatte sowohl zum Dritten Reich wie auch zu den Alliierten Verbindungen und führte die Hauptvermittlungen der «Operation Sunrise». Er half nach dem Ende des Kriegs tatkräftig mit, SS-General Karl Wolff vor der Justiz zu schützen. Max Husmann starb 1965 in Rom.

Parri, Ferruccio (1890–1981)

Parri war ein italienischer Widerstandskämpfer, Journalist und Politiker. Er kämpfte bereits im Ersten Weltkrieg für Italien und arbeitete später als Zeitungsredaktor. Der Italiener war früh ein Antifaschist und schloss sich 1943 den Partisanen an, wo er bald zu einer der führenden Personen aufstieg. Nach dem Krieg wurde Ferruccio Parri Ministerpräsident der ersten italienischen Nachkriegsregierung. 1963 wurde der prominente Widerstandskämpfer zum Senator auf Lebzeiten ernannt.

Usmiani, Antonio (1908–unbekannt)

Usmiani war Major der *Alpini,* der Gebirgsinfanterie des italienischen Heeres. Im Herbst 1943 wechselte er in den Widerstand. Dort wirkte er als Verbindungsoffizier zwischen der *Resistenza* und dem OSS. 1944 floh Usmiani in die Schweiz, um einer Verhaftungswelle zu entgehen. Im Januar 1945 kehrte er zurück nach Italien. Wenig später nahm ihn die faschistische Polizei der Republik von Salò fest. Im März liess Karl Wolff ihn zusammen mit Parri befreien und nach Zürich bringen. Er stand auch nach dem Krieg in Kontakt mit Allen Dulles. Sein Todesdatum ist unbekannt.

Stinnes, Edmund (1896–1980)

Stinnes war ein deutscher Grossindustrieller. Nach anfänglicher Begeisterung für Adolf Hitler distanzierte er sich Mitte der 1930er-Jahre vom Nationalsozialismus und zog in die Schweiz. Dort besass er mehrere Häuser in Ascona und war über seine Frau mit Allen Dulles bekannt. Seine Immobilien stellte er dem OSS-Leiter für die Verhandlungen mit Karl Wolff zur Verfügung. Edmund Stinnes hatte während des Zweiten Weltkriegs in den USA gelebt. Er kehrte erst 1953 ins Tessin zurück, wo er 1980 in Ascona starb.

Lemnitzer, Lyman (1899–1988)

Lemnitzer war ein amerikanischer Berufsoffizier. Während des Zweiten Weltkriegs war er Planer und Stabschef im Mittelmeerraum. In dieser Funktion war der Amerikaner an den Vorbereitungen der Invasionen in Nordafrika («Operation Torch») und in Sizilien («Operation Husky») beteiligt. Als Stabchef von Harold Alexander war Lemnitzer mit dem italienischen Kriegsschauplatz vertraut und wirkte bei der «Operation Sunrise» als Verbindungsmann zwischen Armee und Geheimdienst. Nach dem Krieg beriet er die Präsidenten Eisenhower und Kennedy in militärischen Belangen. Später wurde Lyman Lemnitzer oberster militärischer Befehlshaber der NATO. Er lebte bis 1988.

Airey, Terence (1900–1983)

Airey stammte aus Norfolk und war Offizier der British Army. Während des Zweiten Weltkriegs wurde er zu einem hochrangigen Vertreter des militärischen Nachrichtendiensts und eine zentrale Figur für die Planung und Kommunikation im gesamten Mittelmeerraum. Dazu gehörte beispielsweise auch die Risikoabschätzung von Operationen. Von 1947 bis 1951 war Airey Gouverneur von Triest. Später wurde er Oberbefehlshaber der britischen Streitkräfte in Hongkong.

Von Vietinghoff, Heinrich (1887–1952)

Von Vietinghoff war ein deutscher Adliger und Berufsoffizier. Er kämpfte bereits im Ersten Weltkrieg und stieg danach zum Generaloberst der Wehrmacht auf. Nach Einsätzen auf dem Balkan und an der Ostfront wurde Heinrich von Vietinghoff 1943 nach Italien geschickt. Dort ersetzte er im März 1945 Albert Kesselring als Oberbefehlshaber der Heeresgruppe C. Nach dem Krieg geriet der Deutsche in britische Gefangenschaft, wurde aber bereits 1948 wieder auf freien Fuss gesetzt. Er wurde nie wegen Kriegsverbrechen angeklagt und gehörte sogar zu einem militärischen Expertengremium, das sich ab 1950 mit der westdeutschen Wiederbewaffnung befasste. Von Vietinghoff starb 1952.

Donovan, William (1883–1959)

Donovan war Chef des Nachrichtendiensts OSS und damit der Vorgesetzte von Allen Dulles. Während seines Jurastudiums hatte William Donovan den späteren US-Präsidenten Roosevelt kennengelernt, was ihm in der Folge einige Türen öffnete. Beispielsweise jene zum OSS. Nach dem Krieg war er massgeblich an der Gründung der CIA beteiligt und gilt deshalb als ihr «Vater». Leiter dieser neuen Behörde wurde er aber nach einem Machtkampf mit dem FBI nicht. Donovan erlitt in den 1950er-Jahren mehrere Schlaganfälle und starb 1959.

Kesselring, Albert (1885–1960)

Kesselring war ein Berufssoldat und machte im Ersten Weltkrieg Karriere. 1935 wechselte er in die neu aufgestellte Luftwaffe, wo er weiter aufstieg und 1940 zum Generalfeldmarschall ernannt wurde. Ab 1943 übernahm der Deutsche immer mehr Kommandos von Bodenoperationen. Er blieb jedoch immer ein Vertreter der Luftwaffe. Am 15. Mai 1945 geriet Kesselring in Kriegsgefangenschaft und wurde 1947 in Venedig zum Tode verurteilt. Die Strafe wurde kurze Zeit später in lebenslange Haft umgewandelt. 1952 entliess man den ehemaligen Oberbefehlshaber Süd und Kommandant der Heeresgruppe C aus gesundheitlichen Gründen aus dem Gefängnis. Er starb 1960 in Deutschland.

Auf ihrem Rückzug sollte die Wehrmacht im Frühling 1945 das Südportal des Simplontunnels bei Iselle sprengen. Die Vorbereitungen dafür waren am Tunnel 1 (rechts) wenige hundert Meter hinter dem Eingang vorgenommen worden.

11

DIE RETTUNG DES SIMPLONTUNNELS

Obwohl Karl Wolff den Alliierten während der Verhandlungen in Zürich und Ascona mehrfach versprochen hatte, die Zerstörung der norditalienischen Infrastruktur zu verhindern, mussten im April 1945 der Schweizer Geheimdienst und rund hundert Partisanen die Sprengung des Simplontunnels stoppen. Der SS-General hatte sich für seinen Teil tatsächlich an die Abmachung gehalten, sein Einfluss auf die Wehrmacht (siehe Kapitel 10) war jedoch begrenzt. Auch, weil Wolff die geheimen Absprachen aus Sicherheitsgründen nicht schriftlich weitergeben konnte. Den rund dreissig Eisenbahnpionieren der Wehrmacht, welche die Zerstörung des Tunnels seit November 1944 vorbereiteten, war das Versprechen des SS-Generals weder bekannt, noch wäre es für sie bindend gewesen.

Die Pioniere hatten bereits nach der Wiederbesetzung des Ossolagebiets die teilweise stark beschädigte Infrastruktur repariert. Sie stammten zum grössten Teil aus Österreich. Allerdings waren diese Soldaten, wie die meisten Mitglieder der Wehrmacht, demoralisiert und schlecht ausgerüstet. Das wenige Material – Kompressoren, Pumpen und Werkzeuge – wurde immer wieder von Partisanen oder von Mitarbeitern der SBB entwendet oder zerstört. Letztere waren in Varzo und Domodossola stationiert. Innerhalb von vier Monaten gelang es den Deutschen deshalb nur, drei kleine Minenkammern beim Tunneleingang anzulegen. Da die Partisanen im Januar 1945 ausserdem in das Gebiet rund um den Simplon zurückgekehrt waren, kam es sporadisch zu bewaffneten Auseinandersetzungen, was die Arbeiten zusätzlich erschwerte.

Der Schweizer Geheimdienst mitten drin

Das Vorhaben der Wehrmacht war auch dem Schweizer Nachrichtendienst nicht entgangen. Dieser hatte ein engmaschiges Spionagenetz in der Region aufgebaut. Neben diversen Angestellten der SBB fungierten Händler, Hoteliers oder Postbeamte als Informanten. Der prominenteste unter ihnen war der 30-jährige Peter Bammatter. Der Walliser hatte vor dem Zweiten Weltkrieg als Zollbeamter in Basel gearbeitet, konnte sich in mehreren Sprachen verständigen und war deshalb gezielt für die Beobachtung im Ossolagebiet ausgewählt worden. Zur Tarnung hatte man den Hauptmann der Schweizer Armee als Vizedirektor des Schweizer Zollamts nach Domodossola geschickt. In dieser Funktion war Bammatter für den Nachrichtendienst die primäre Schweizer Informationsdrehscheibe in dieser wichtigen Grenzregion.

Als die Wehrmacht mit den Vorbereitungen für die Tunnelsprengung begann, reagierten Bammatter und der Nachrichtendienst sofort und erkundeten die Lage. Da sich die deutschen Soldaten abends aus Angst vor Partisanenangriffen nach Varzo zurückzogen, konnten sich die Schweizer während der Nacht ungestört ein Bild machen. Besonders dank Paul Bardet, einem SBB-Ingenieur und Hauptmann der Armee, kannten sie die Situation sehr genau. Bardet ging von Brig aus mehrmals in den Tunnel und erstellte nach diesen Erkundungstouren jeweils detaillierte Berichte und Skizzen.

Die Deutschen hatten seit Dezember 1944 rund 32 Tonnen veraltete Marinegeschosse, die immer noch Sprengstoff enthielten, nach Varzo transportiert. Der Ort lag knapp fünf Kilometer vom Tunneleingang in Iselle entfernt. Da den Wehrmachtssoldaten aber das nötige Werkzeug und teilweise auch das spezifische Fachwissen fehlte, um gezielte Bohrungen vorzunehmen, schätzte der Schweizer Nachrichtendienst das Risiko einer völligen Zerstörung als eher klein ein. Trotzdem sollte eine Detonation im Tunnel unter allen Umständen verhindert werden. Im März nahm Peter Bammatter deshalb Kontakt zu lokalen Widerstandskämpfern auf. Während die örtlich präsenten *Garibaldini*-Partisanen mit Informationen über die deutschen Zerstörungspläne versorgt wurden, bearbeitete Bammatter auch die Soldaten der Wehrmacht. Dabei half ihm der SBB-Mitarbeiter Mario Rodoni, der in Varzo stationiert war. Rodoni hatte gute Kontakte zu den Deutschen und konnte sie zu inoffiziellen Gesprächen bewegen. Dass der Krieg verloren war und viele Soldaten demoralisiert waren, erleichterte die Sache für die Schweizer zusätzlich. Überzeugungsarbeit wurde auch mit «interessanten Argumenten» wie Zigaretten, Wein oder Lebensmitteln geleistet. Bammatter und Rodoni versuchten den Soldaten immer wieder die Sinnlosigkeit der Tunnelsprengung vor Augen zu führen und standen gleichzeitig mit den Widerstandskämpfern in Kontakt. Gemeinsam mit ihnen planten die Schweizer die Rettung des Simplontunnels. Dazu gehörte auch die Zusage, zwei deutsche Soldaten nach der Aktion nach Gondo zu bringen. Sie hatten Bammatter und Rodoni mit Informationen versorgt.

In den frühen Morgenstunden des 22. April 1945 griffen gut hundert Partisanen an. Ihr Ziel war es, den gesamten von den Deutschen gelagerten Sprengstoff zu vernichten. Weil ein Teil der Widerstandskämpfer den Weg zur Wehrmachts- und SS-Polizeigarnison in Varzo blockiert und der Schweizer Geheimdienst die Wachsoldaten zum Überlaufen überredet hatte, endete die Aktion ohne Verletzte und Tote.

Um 4.30 Uhr steckten die Partisanen den Sprengstoff in Varzo in Brand. Das Feuer war riesig und weitherum sichtbar. Damit war die Gefahr einer Sprengung des Simplontunnels endgültig gebannt. Die Aktion hatte jedoch Schäden an der Bahninfrastruktur angerichtet. Repariert wurden diese von zehn deutschen Eisenbahnpionieren. Nach Beendigung der Arbeiten flohen sie – in Absprache mit dem Nachrichtendienst – in die Schweiz und liessen sich internieren.

Für seine «ausserordentlichen Leistungen während des Krieges auf der Strecke Brig – Domodossola und im Besonderen, dass der Simplontunnel nicht gesprengt werden konnte», erhielt Mario Rodoni 1945 eine Belohnung von 300 Franken, was heute einem Wert von rund 3000 Franken entspricht. Über diese Belohnung wurde in den höchsten Schweizer Kreisen, unter anderem mit Bundesrat Enrico Celio, diskutiert.

Den Grundstoff für die Sprengung sollten alte grosskalibrige Marinegeschosse liefern, die beim Bahnhof von Varzo aufgestapelt wurden (oben). Der Bahnhof war bei der von Partisanen ausgelösten Explosion in der Nacht auf den 22. April 1945 teilweise zerstört worden.

Mario Rodoni (links) posiert mit einem deutschen Soldaten des Eisenbahnbau-Bataillons für ein Erinnerungsfoto. Dieses wurde im Frühjahr 1945 in Varzo aufgenommen.

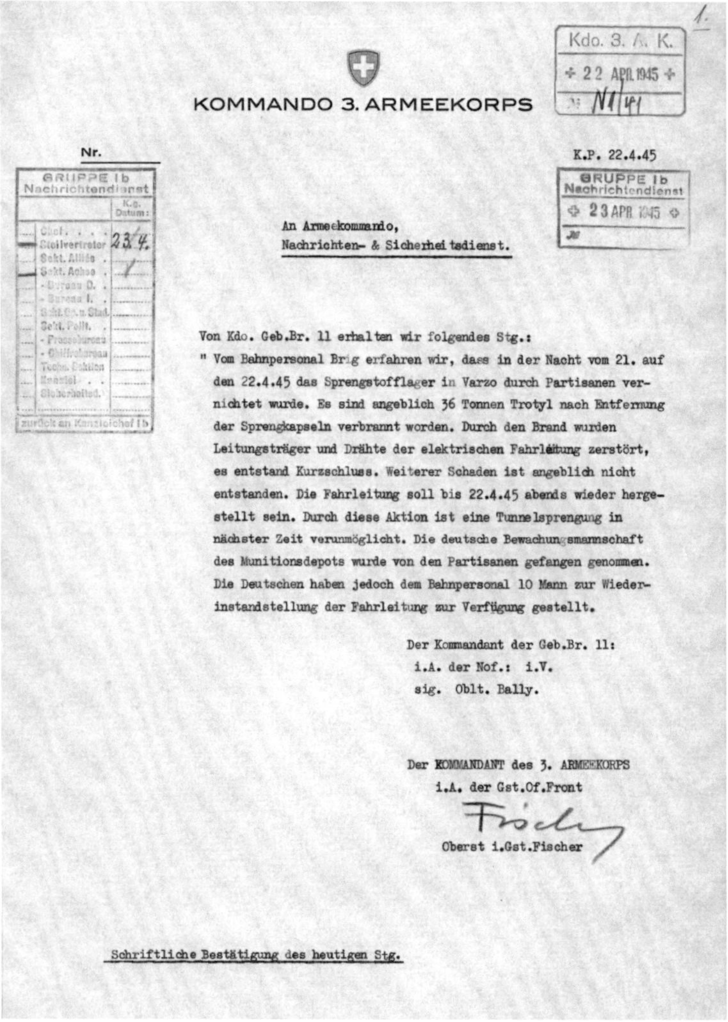

Kdo. 3. A. K.
22 APR. 1945
Nr. 41

KOMMANDO 3. ARMEEKORPS

Nr.

K.P. 22.4.45

GRUPPE Ib
Nachrichtendienst
23 APR 1945

An Armeekommando,
Nachrichten- & Sicherheitsdienst.

Von Kdo. Geb.Br. 11 erhalten wir folgendes Stg.:
" Vom Bahnpersonal Brig erfahren wir, dass in der Nacht vom 21. auf den 22.4.45 das Sprengstofflager in Varzo durch Partisanen vernichtet wurde. Es sind angeblich 36 Tonnen Trotyl nach Entfernung der Sprengkapseln verbrannt worden. Durch den Brand wurden Leitungsträger und Drähte der elektrischen Fahrleitung zerstört, es entstand Kurzschluss. Weiterer Schaden ist angeblich nicht entstanden. Die Fahrleitung soll bis 22.4.45 abends wieder hergestellt sein. Durch diese Aktion ist eine Tunnelsprengung in nächster Zeit verunmöglicht. Die deutsche Bewachungsmannschaft des Munitionsdepots wurde von den Partisanen gefangen genommen. Die Deutschen haben jedoch dem Bahnpersonal 10 Mann zur Wiederinstandstellung der Fahrleitung zur Verfügung gestellt.

Der Kommandant der Geb.Br. 11:
i.A. der Nof.: i.V.
sig. Oblt. Bally.

Der KOMMANDANT des 3. ARMEEKORPS
i.A. der Gst.Of.Front

Oberst i.Gst.Fischer

Schriftliche Bestätigung des heutigen Stg.

Lagebericht vom 22. April 1945 über den Partisaneneinsatz zur Verhinderung der Sprengung des Simplontunnels.

RODONI, MARIO (1912–1979)

Rodoni stammte aus Biasca und arbeitete seit 1931 für die SBB. Während den Kriegsjahren war er als Fahrleitungsmonteur für die Strecke Brig-Domodossola zuständig. Der Tessiner wurde wegen einer angeblichen Schmuggelaffäre in den 1950er-Jahren nach Genf versetzt. Mario Rodoni starb 1979 in Varzo (Bild siehe S. 161).

BAMMATTER, PETER (1914–1993)

Bammatter war für den Nachrichtendienst tätig und zum Schein Vizedirektor des Schweizer Zollamts in Domodossola. Der Walliser war massgeblich daran beteiligt, die Sprengung des Simplontunnels durch die Wehrmacht im Frühling 1945 zu verhindern. Dazu arbeitete er eng mit einer Gruppe von Partisanen zusammen. Nach dem Krieg quittierte Bammatter den Dienst und arbeitete in der Privatwirtschaft, unter anderem für die Migrol, für die er in der Westschweiz ein Tankstellennetz aufbaute. Er starb 1993 in Begnins (VD).

BARDET, PAUL (1904–unbekannt)

Bardet war Ingenieur, Milizhauptmann und Eisenbahner. Er wohnte in Sitten im Kanton Wallis. Zwischen 1944 und 1945 erkundete er mehrmals den Simplontunnel bis zur italienischen Grenze in Iselle und entdeckte dabei frühzeitig die deutschen Pläne zur Verminung des Tunnels. Es ist auch Paul Bardets Beobachtungsgabe zu verdanken, dass die Sprengung des Simplon-Eisenbahntunnels frühzeitig entdeckt und verhindert werden konnte.

Oft waren die Beziehungen zwischen den Schweizer Soldaten und den ossolanischen Partisanen freundschaftlich. Dies ist gut auf diesem Bild des Grenzpostens Gondo (VS) von Anfang Oktober 1944 zu erkennen.

12

KAMPFZONE OSSOLA: EINE BILANZ

Die Bilanz des rund zwanzig Monate dauernden Konflikts vor den Toren der Schweiz ist vielschichtig.

Die deutsch-faschistische Besatzung war strukturell unhaltbar

Eine quantitative Analyse der relativ kleinen Besatzungstruppen offenbart, dass diese eigentlich zu schwach waren, um ein 1800 Quadratkilometer grosses gebirgiges Gebiet mit zahlreichen abgelegenen Seitentälern zu kontrollieren. Ab September 1943 setzten die Deutschen im Ossolagebiet mehrheitlich den Zollgrenzschutz ein. Diese Einheit von zivilen Zollbeamten war zwar bewaffnet, hatte jedoch nicht die Mittel und Fähigkeiten, um den Partisanen entgegentreten zu können. Die Hauptstrategie in den ersten Monaten waren deshalb kurze aber heftige Razzien der SS-Polizei, die durchschnittlich zwei Wochen dauerten. Danach verliessen die Polizisten das Gebiet wieder, um in anderen Teilen des Piemonts aktiv zu werden. Erst ab November 1944 wurden in der Ossolaregion Truppen der SS-Polizei permanent stationiert. Diese Männer wären zwar fähig gewesen, den Widerstand ernsthaft zu bekämpfen, ihnen fehlte jedoch das nötige Material, weshalb ihre Präsenz ebenfalls ziemlich wirkungslos blieb. Ausserdem trügt der Schein, denn die drei SS-Polizei-Regimenter 12, 15 und 20 waren lediglich mit einzelnen Bataillonen und nicht wie der Name suggeriert, mit vollständigen Regimentern präsent.

Die ungenügende Logistik und die permanente Unterbesetzung gehörten zu den Hautproblemen der Okkupationstruppen in ganz Italien und wurde in dieser Region zudem durch die alpine Topographie erschwert. Sie schwächte die Kampfkraft der Besatzer und verhinderte eine vermehrt strategische Kontrolle des Gebiets.

Die Absetzung Mussolinis wirkte sich auch gesellschaftlich aus

Das Machtvakuum, das durch den Zusammenbruch der italienischen Institutionen nach der Absetzung Mussolinis und dem Waffenstillstand Anfang September 1943 entstand, verschärfte die bereits bestehende Armut in der italienischen Gesellschaft. Der deutsche Marionettenstaat Republik von Salò wechselte allein in der Provinz Novara, die damals die Region Ossola verwaltete, innerhalb von zwanzig Monaten fünfmal den verantwortlichen Präfekten. Soziale Sicherheit und gesellschaftliche Kontinuität sehen anders aus. Geplagt von Hunger und ohne wirtschaftliche Perspektiven begannen die Menschen zu schmuggeln oder auf dem Schwarzmarkt zu handeln. Und dieser Schmuggel war neben der Sicherung der Existenz auch eine Art von Widerstand: Lieber brachten die Ossolanerinnen und Ossolaner Nahrungsmittel über die Grenze, als sie den Deutschen und Faschisten zu überlassen.

Der ossolanische Widerstand war alles andere als einheitlich

In der Region operierten völlig unterschiedliche Partisanenformationen: von kommunistischen *Garibaldi*-Einheiten über politische neutrale Formationen bis hin zu klar antikommunistischen Gruppierungen. Diese teilweise sehr unterschiedlichen politischen Ausrichtungen zeigten sich immer wieder in den unterschiedlichen Zielen, welche die Widerstandsgruppen anstrebten. Nach dem Krieg wurde die Legende des geeinten ossolanischen Widerstands geschaffen, doch die Partisanen im Ossolagebiet waren zu keiner Zeit eine homogene Gruppe. Zwar kam es in dieser Region zu keinen blutigen Konflikten wie etwa auf dem Balkan, in Ligurien, in der Emilia-Romagna oder im Friaul, doch eine dauerhafte Zusammenarbeit existierte zu keiner Zeit. Im Gegenteil, es wurden wichtige Informationen voreinander zurückgehalten oder sogar die gegenseitige Unterstützung verweigert. Wie in Gravellona, wo die kommunistischen Partisanen im September 1944 einen hohen Preis für diese Konkurrenz zahlten. Die Heterogenität der ossolanischen Partisanen beschäftigte auch die alliierten Nachrichtendienste. Die Angst vor einer starken und bewaffneten kommunistischen Partei in Italien führte dazu, dass die *Garibaldi*-Einheiten mehrheitlich von den Materiallieferungen der Amerikaner und vor allem der Briten ausgeschlossen wurden. Die gesamten alliierten Abwürfe waren für die gemässigteren Widerstandsgruppen bestimmt.

Die Glorifizierung und Legendenbildung der *Resistenza* im Ossolagebiet wurde nach dem Zweiten Weltkrieg – wie an vielen anderen Orten – in erster Line aus Eigeninteressen betrieben. Damit wurde der politische Machtanspruch im neuen Italien legitimiert, der eigene Anteil am Faschismus kleingehalten und angewandte Gewalt gegen echte oder vermeintliche Kollaborateure gerechtfertigt.

Die Taktik der Partisanen waren Einzeltötungen von italienischen Faschisten

Die Widerstandskämpfer des Ossolagebiets setzten vor allem auf eine Taktik der Nadelstiche. Mit Hinterhalten und Sabotagen behinderten sie die Besatzer dauerhaft und banden dadurch einen signifikanten Teil deren Kräfte. Das alpine Gelände war für diese Taktik geradezu prädestiniert. Die Partisanen töteten vor allem einzelne Personen – über die Hälfte aller Opfer zwischen 1943 und 1945 starben alleine. Dabei konzentrierte sich der Widerstand in erster Linie auf die italienischen Faschisten. Dies geschah nicht ohne Grund. Die Tötung von RSI-Kämpfern zog weniger Repressalien gegen die Zivilbevölkerung nach sich, denn die Deutschen wurden in der Regel nur dann aktiv, wenn Landsleute Opfer wurden. Hier zeigt sich die Zweiklassengesellschaft der Besatzungstruppen in aller Deutlichkeit. Für die Soldaten der Wehrmacht und der SS-Polizei waren die verbündeten Italiener höchstens Handlanger und Hilfskräfte. Die Zahlen sprechen eine deutliche Sprache. Im rund zwanzig Monate dauernden Konflikt in der Region Ossola starben etwas über 80 deutsche Soldaten. Gleichzeitig wurden mehr als 700 italienische Faschisten getötet.

Das Tessin spielte bei der Unterstützung der Partisanen eine entscheidende Rolle

Der Kanton Tessin bot Zivilisten und Partisanen aus dem Ossolagebiet Unterschlupf, diente mehreren Widerstandsgruppen als Operationsbasis und erleichterte den Schmuggel von Waffen und sonstigem Material. Die Tessiner Behörden waren an dieser Unterstützung beteiligt und strapazierten die offizielle Neutralitätspolitik der Schweiz einige Male bis aufs Äusserste. Zum Beispiel als mehrere Tessiner Politiker im Herbst 1944 die Partisanenrepublik besuchten und damit den Ärger der Vertreter der Republik Salò auf sich zogen. Die faschistischen Zeitungen in Italien berichteten in scharfen Worten darüber und bezeichneten dieses Verhalten als schweizerische Einmischung, die nicht toleriert werden könne. Trotzdem ergriffen die Faschisten keine Massnahmen gegen Schweizerinnen und Schweizer, die in Norditalien lebten. Dazu fehlten ihnen zu diesem Zeitpunkt bereits die nötigen Ressourcen.

Die Schweiz war der Rückzugsort des Widerstandes

Zwischen 1943 und 1945 wurden die Kantone Wallis und Tessin zunehmend zu Rückzugsorten der ossolanischen Partisanen. Mindestens 3500 Widerstandskämpfer konnten sich in dieser Zeit über die Grenze retten. Auf dem Monte Verità in Ascona existierte sogar ein Zent-

Sabotage wie hier an der Eisenbahnlinie zwischen Novara und Domodossola im Juni 1944 war ein probates Mittel, um die Besatzungstruppen zu behindern und ihre Kräfte zur Bewachung der Infrastruktur zu binden.

rum, in dem verwundete Kombattanten medizinisch behandelt werden konnten. Polizeikontrollen gab es keine. Die Haltung der Schweiz war ambivalent: Obwohl sie mit der Republik von Salò wirtschaftliche Beziehungen pflegte, erkannte die Landesregierung in Bern Mussolinis Sozialrepublik nie als legitimen Nachfolgestaat Italiens an. Das war ein gefährlicher Balanceakt, der gewisse Risiken in sich barg und die realpolitische Elastizität der Schweizer Neutralität veranschaulicht. Wäre die Republik von Salò stärker gewesen, hätte dieses Verhalten zu grossen politischen Problemen führen können. Es ist jedoch anzunehmen, dass sich die Schweiz in diesem Fall anders verhalten hätte.

Die Partisanenrepublik Ossola war ein wichtiger Versuch, eine funktionierende demokratische Einheit zu schaffen

Die kurze Zeit der Autonomie im Herbst 1944 war ein echter Versuch, eine demokratische Regierung zu schaffen. Die Handlungen in dieser freien Zone hatten einen politischen und moralischen Einfluss auf die Entwicklung der italienischen Demokratie nach dem Krieg. Die militärische Bedeutung der ossolanischen Republik war jedoch minimal. Nicht nur war die Zusammenarbeit zwischen den einzelnen Partisanenformationen schwierig, es wurden aus militärischer Sicht auch schwere taktische Fehler begangen. Die Widerstandskämpfer wollten ihre Republik offen verteidigen, als wären sie eine traditionelle Armee. Dabei versäumten sie es, strategisch wichtige Orte, vor allem in Cannobinatal, zu besetzen. Ausserdem hatten sich die Partisanen zu sehr auf die versprochene Hilfe der Alliierten verlassen und konnten in der Folge den schnellen Vormarsch der Besatzungstruppen weder verzögern noch aufhalten. Dazu hätten sie beispielsweise Wege blockieren oder Brücken sprengen müssen.

Die «Sunrise»-Connection hielt auch nach dem Ende des Zweiten Weltkriegs

Allen Dulles und das OSS schützten die beteiligten SS-Männer, obwohl sie erwiesenermassen an Kriegsverbrechen beteiligt gewesen waren. Das hatte gleich mehrere Gründe. Weder sollte die breite Öffentlichkeit etwas über die Beziehung zwischen dem amerikanischen Geheimdienst und der SS erfahren, noch wollte man die Sowjetunion weiter provozieren. Da die USA ausserdem viele Deutsche rekrutierte, um beispielsweise die eigene militärische Rüstung oder die Spionage gegen die Sowjetunion auf- und auszubauen, waren Männer wie Karl Wolff oder Eugen Dollmann wertvoll. Letzterer lebte vier Jahre lang unter dem Pseudonym Eugen Amonn in Lugano. Er gab sich als Antiquar aus und reiste viel durch Europa. Immer unter der schützenden Hand der Amerikaner, von denen der Deutsche ein Visum erhielt und die ihn mehrmals aus brenzligen Situationen befreiten. Eugen Dollmann, Guido Zimmer und Eugen Wenner kamen, wenn überhaupt, nur kurz in Haft und arbeiteten später für das OSS und seine Nachfolgeorganisation, die CIA.

Karl Wolff, während Jahren die rechte Hand von Reichsführer-SS Heinrich Himmler, wurde dank des OSS und der Schweizer Fürsprache lange Zeit ebenfalls nicht belangt. Zwar war er bis 1947 von den Alliierten interniert worden, jedoch nicht als Angeklagter, sondern als Informant und Zeuge. In dieser Funktion erläuterte Wolff 1946 in Nürnberg die Struktur und Arbeitsweise der SS. Das ist schon erstaunlich und zeigt, wie Eigeninteressen auch nach dem Krieg eine entscheidende Rolle gespielt haben. Erst 1964 verurteilte ihn die deutsche Justiz zu 15 Jahren Haft wegen Beihilfe zum Mord an 300 000 Juden im Vernichtungslager Treblinka. Karl Wolff wurde aber bereits 1969 aus gesundheitlichen Gründen aus der Haft entlassen. Insgesamt sass der SS-General also knapp zehn Jahre in Haft. Das ist im Vergleich mit anderen führenden Persönlichkeiten aus dem Dritten Reich schon fast eine Farce.

Die Grenze war für die Partisanen der Ossolaregion sehr durchlässig. Oft schauten die Schweizer Grenzschützer weg und unterstützten damit indirekt den Widerstand. Wie auf diesem Bild von Oktober 1944.

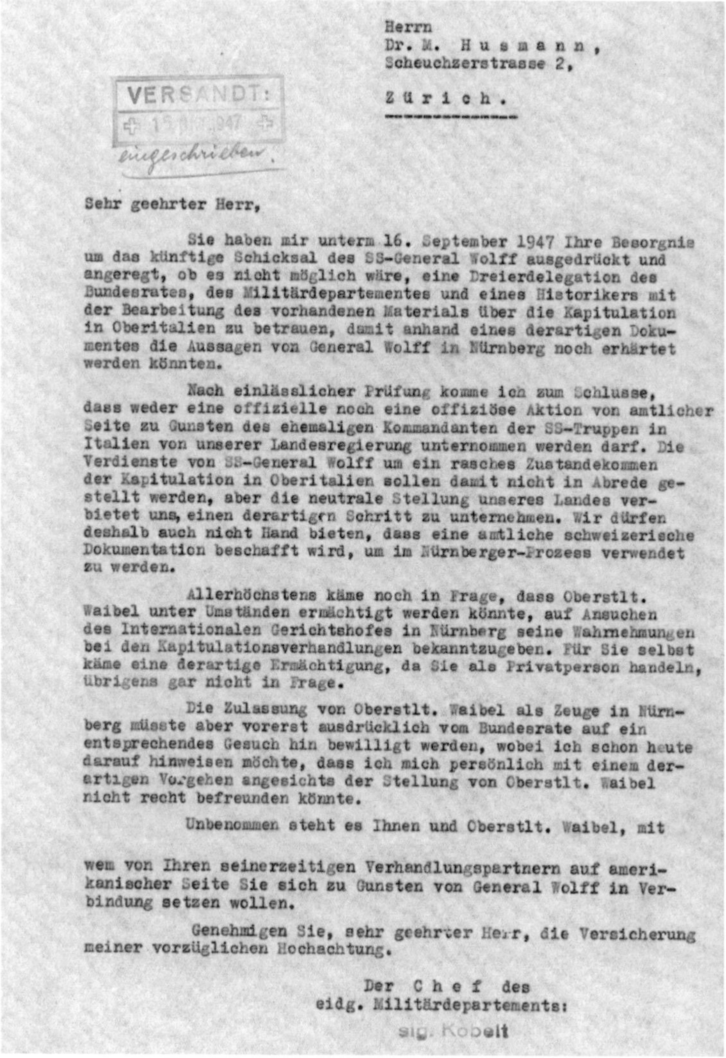

Herrn
Dr. M. H u s m a n n ,
Scheuchzerstrasse 2,

Z ü r i c h .

VERSANDT:
1? ... 1947

eingeschrieben.

Sehr geehrter Herr,

Sie haben mir unterm 16. September 1947 Ihre Besorgnis um das künftige Schicksal des SS-General Wolff ausgedrückt und angeregt, ob es nicht möglich wäre, eine Dreierdelegation des Bundesrates, des Militärdepartementes und eines Historikers mit der Bearbeitung des vorhandenen Materials über die Kapitulation in Oberitalien zu betrauen, damit anhand eines derartigen Dokumentes die Aussagen von General Wolff in Nürnberg noch erhärtet werden könnten.

Nach einlässlicher Prüfung komme ich zum Schlusse, dass weder eine offizielle noch eine offiziöse Aktion von amtlicher Seite zu Gunsten des ehemaligen Kommandanten der SS-Truppen in Italien von unserer Landesregierung unternommen werden darf. Die Verdienste von SS-General Wolff um ein rasches Zustandekommen der Kapitulation in Oberitalien sollen damit nicht in Abrede gestellt werden, aber die neutrale Stellung unseres Landes verbietet uns, einen derartigen Schritt zu unternehmen. Wir dürfen deshalb auch nicht Hand bieten, dass eine amtliche schweizerische Dokumentation beschafft wird, um im Nürnberger-Prozess verwendet zu werden.

Allerhöchstens käme noch in Frage, dass Oberstlt. Waibel unter Umständen ermächtigt werden könnte, auf Ansuchen des Internationalen Gerichtshofes in Nürnberg seine Wahrnehmungen bei den Kapitulationsverhandlungen bekanntzugeben. Für Sie selbst käme eine derartige Ermächtigung, da Sie als Privatperson handeln, übrigens gar nicht in Frage.

Die Zulassung von Oberstlt. Waibel als Zeuge in Nürnberg müsste aber vorerst ausdrücklich vom Bundesrate auf ein entsprechendes Gesuch hin bewilligt werden, wobei ich schon heute darauf hinweisen möchte, dass ich mich persönlich mit einem derartigen Vorgehen angesichts der Stellung von Oberstlt. Waibel nicht recht befreunden könnte.

Unbenommen steht es Ihnen und Oberstlt. Waibel, mit

wem von Ihren seinerzeitigen Verhandlungspartnern auf amerikanischer Seite Sie sich zu Gunsten von General Wolff in Verbindung setzen wollen.

Genehmigen Sie, sehr geehrter Herr, die Versicherung meiner vorzüglichen Hochachtung.

Der C h e f des
eidg. Militärdepartements:

sig. Kobelt

Antwortschreiben von Bundesrat Kobelt an Max Husmann betreffend einer eventuellen Unterstützung von Karl an den Nürnberger Prozessen gegen das NS-Regime.

1947 trat Karl Wolff in Nürnberg als Zeuge im Prozess gegen Generalfeldmarschall Erhard Milch auf.

Sie tarnen sich.

Nach den Tageszeitungen hat ein Schweizer Pädagoge namens Husmann die weitere Zerstörung von Oberitalien durch die Deutschen verhindert.

Dazu schreibt man uns:

Husmann (Dr. Max Husmann) ist Jude und galizischer Herkunft. Er ist Besitzer und Leiter des Instituts Montana auf dem Zugerberg. War Fascist und bekam von Mussolini die italienische Maturität für seine Schule. Es gelang ihm seinerzeit, sich durch Mussolini empfangen zu lassen; eine Audienz dauerte einmal eine Stunde. Hat immer mit den Fascisten zusammengearbeitet und hatte während des Krieges stets 20 bis 25 Söhne von prominenten Fascisten und italienischen Aristokraten in seiner Schule. Hatte auch Beziehungen mit Ciano, von dem er protegiert wurde. Bekam während des Krieges eine Extrazuteilung von Devisen für seine Schule. Ueber seinen Charakter hört man nichts Gutes.

Die in breiter Aufmachung veröffentlichte Darstellung einer Intervention in Oberitalien scheint einen doppelten Zweck zu verfolgen: erstens: Ehrenrettung und Rehabilitation, falls seine Beziehungen zum Fascismus bekannt werden; zweitens: persönliche Reklame für sich und seine Schule. —

Der Bruder von Dr. Max Husmann führt das Institut Minerva in Zürich.

Artikel über Max Husmann in der «Berner Tagwacht» vom 23. Mai 1945.

Max Husmann setzte sich mit aller Kraft für Karl Wolff ein

Neben Allen Dulles wollte insbesondere der Schweizer Pädagoge eine Verurteilung des SS-Generals verhindern. Husmann machte sich dafür sowohl in Bundesbern als auch bei den Prozessverantwortlichen in Nürnberg stark. Am 9. August 1947 schrieb er dem amerikanischen Chefankläger General Telford Taylor einen langen Brief und mahnte ihn, das Wolff gegebene Versprechen einzuhalten: «Wenn wir aber General Wolff und seinen Mitkämpfern das Versprechen einer loyalen Behandlung und einer eventuellen Mitarbeit im neuen Deutschland machten, und wenn Wolff sein Versprechen unter Einsatz seines Lebens hielt, so haben wir alle heute kein Recht, unser Versprechen nicht zu halten.» In der Folge bat er bei Alfred Zehnder, Chef der Politischen Abteilung im Eidgenössischen Politischen Departement, und sogar bei Bundesrat Karl Kobelt um Hilfe für Wolff. Letzterem schlug er vor, eine Dreier-Kommission «bestehend aus einem Delegierten des Bundesrates, des Militärdepartements und einem Historiker» ins Leben zu rufen, um den SS-General in Nürnberg zu unterstützen. Kobelt lehnte ab, gab aber immerhin zu verstehen, dass Max Waibel dem Schweizer Pädagogen in Nürnberg beistehen dürfe. Diese Zusage war allerdings mit dem Hinweis versehen, dass eine Veröffentlichung von Max Waibels 1946 fertiggestelltem Buch nach wie vor unerwünscht sei.

Max Waibel, vor allem aber Max Husmann fühlten sich an das Karl Wolff gegebene Versprechen gebunden. Dies liess der Pädagoge mehrmals gegenüber Taylor durchblicken. So schrieb er dem amerikanischen Militärjuristen, die beiden Schweizer hätten Karl Wolff «die Garantie gegeben, dass die Anglosachsen ihr Versprechen halten werden, auch ohne irgendwelchen schriftlichen Vertrag». Es war für Waibel und Husmann also eine «Gewissensfrage», Wort zu halten. Dass sich Letzterer nach dem Krieg derart für den Deutschen ins Zeug legte, erstaunt aber schon. Er hatte im Gegensatz zu Allen Dulles keinen triftigen Grund, dem ehemaligen SS-General weiterhin beizustehen. Vermutlich ging es Max Husmann auch um sich selbst: Er war zwischen 1941 und 1942 von der Polizei überwacht und als deutschfreundlich eingestuft worden. Ausserdem wurde er in dieser Zeit verdächtigt, unlautere Geschäfte zu betreiben und die Beamten vertraten die Ansicht, dass er die Schweiz für Geld verraten würde. Max Husmann hatte also starke persönliche Motive, sich nach dem Ende des Kriegs als humanitären Schweizer Vermittler und loyalen Patrioten darzustellen. Eine solche Rehabilitierung konnte jedoch nur gelingen, solange der SS-General Karl Wolff als moralisch richtig handelnder Verhandlungspartner wahrgenommen wurde und nicht als ein verurteilter Kriegsverbrecher.

In «Kampfzone Ossola» haben wir versucht, mit einem mikrohistorischen Ansatz die komplexe Geschichte dieser Region zwischen 1943 und 1945 nachzuzeichnen, die Dynamiken der deutsch-faschistischen Besetzung, des ossolanischen Widerstands und der Reaktionen von Schweizer Seite zu beleuchten und bestehende Erzählungen kritisch zu hinterfragen. Wir hoffen, wir konnten damit neue Einblicke vermitteln, sind aber überzeugt, dass noch lange nicht alle Geschichten dieser sich endlos anfühlenden zwanzig Monate erzählt worden sind.

ANHANG

Literatur

Das Projekt «Kampfzone Ossola» ist von folgenden Publikationen inspiriert und beeinflusst worden:

Abplanalp, Andrej: Die Partisanenverbände der Republik Ossola. Idealistischer oder opportunistischer Befreiungskampf?, Bern 2000.

Arena, Nino: RSI. Forze armate della Repubblica sociale italiana. La guerra in Italia, Parma 1999.

Bammatter, Peter: Die Kriegsjahre 1941–1945 im Ossolagebiet, Naters 1991.

Bazzocco, Adriano: Accolti e respinti. Gli ebrei in fuga dall'Italia durante la Seconda guerra mondiale. Nuove analisi e nuovi dati, Archivio Storico Ticinese, no. 170, Dezember 2021.

Bergwitz, Hubertus: Die Partisanenrepublik Ossola. Vom 10. September bis zum 23. Oktober 1944, Braunschweig 1972.

Bianchi, Adriano: Die Brücke von Falmenta, Zürich 2025.

Bolzani, Antonio: Oltre la rete, Mailand 1946.

Bommer, Severin: Eingeschleust, infiltriert, enttarnt. Die Deutsche Gegenspionage gegen die Alliierten in der Schweiz 1942–1945, Bern 2024.

Broggini, Renata: Terra d'asilo. I rifugiati italiani in Svizzera, 1943–1945, Bologna 1993.

Dillena, Giancarlo; Braga, Mauro; Riva, Ely: La brigata di frontiera 9, Locarno 1994.

Dulles, Allen: The Secret Surrender. The first inside account of the Nazi surrender in Italy, London 1967.

Ferrari, Erminio: La liberazione. Cannobio, agosto-settembre 1944, Verbania 2006.

Gautschi, Willi: General Henri Guisan. Die schweizerische Armeeführung im Zweiten Weltkrieg, Zürich 1989.

Gentile, Carlo: I crimini di guerra tedeschi in Italia. 1943–1945, Turin 2015.

Ibanez, Manuel Juan: Das Militärdolmetschen als eine Sonderform des Community Interpreting, Graz 2011.

Massara, Enrico: Antologia dell'Antifascismo e della Resistenza novarese, Novara 1984.

Massara, Enrico: Crimini dei Nazi-Fascisti nella Provincia di Novara, Novara 1956.

Parri, Ferruccio: Due mesi con i nazisti, Mailand 1973.

Pellanda, Luigi: L'Ossola nella tempesta. Dal settembre 1939 alla liberazione, Novara 1956.

Petter, Guido: Sempione '45. Il salvataggio della galleria, Novara 2006.

Pozzetta, Andrea: Passaggi di Speranza. Contrabbandieri, passatori, fuggiaschi e partigiani in Ossola e Verbano, Verbania 2024.

Rues, Raphael: Warfare and Repression in the Alps. New perspectives on German-Fascist Operations and Partisan Forces in Ossola and Lake Maggiore 1943–1945, Leicester 2025.

Rues, Raphael: SS-Polizei, Ossola – Lago Maggiore, 1943–1945, Unternehmungen und Kriegsverbrechen, Minusio 2018.

Salter, Michael: Nazi war crimes, US intelligence and selective prosecution at Nuremberg, Oxon 2007.

Scomazzon, Francesco: La linea sottile. Il fascismo, la Svizzera e la frontiera, Rom 2022.

Stocker, Martin: Operation Sunrise und die private Diplomatie, 2020.
Toscano, Aldo: Io mi sono salvato. L'Olocausto del Lago Maggiore e gli anni dell'internamento in Svizzera (1943–1945), Novara 2013.
Von Lingen, Kerstin: Immunitätsversprechen. Wie SS-Opergruppenführer Karl Wolff der Strafverfolgung entging, Potsdam 2009.
Von Lingen, Kerstin: Allen Dulles, the OSS, and Nazi War Criminals, Cambridge 2013.
Von Schramm, Wilhelm: Der Geheimdienst in Europa 1937–1945, München 1974.
Waibel, Max: Operation Sunrise – 1945 Kapitulation in Norditalien – Originalbericht des Vermittlers, Neuauflage, Schaffhausen 2002.

Quellen

In «Kampfzone Ossola» wurden Quellen aus den Beständen der folgenden Institution verwendet:

Archivio di Stato del Cantone Ticino (ASTi)
Archivio di Stato di Novara (AS-NO)
Archivio Casa della Resistenza, Verbania (ACdR)
Archivio Insubrica Historica, Minusio (AIH)
Archiv der Schweizerischen Bundesbahnen (SBB Historic)
Associazione Raggruppamento Divisioni Patrioti Alfredo di Dio (ARDP di Dio)
Central Intelligence Agency, Freedom of information act (CIA FOIA)
Deutsches Bundesarchiv, Aussenstelle Ludwigburg (BArch Ast. Ludwigsburg)
Deutsches Bundesarchiv, Berlin-Lichterfelde (BArch Berlin-Lichterfelde)
Deutsches Bundesarchiv, Militärarchiv (BArch MA)
Diplomatische Dokumente der Schweiz (DODIS)
ETH Bibliothek Zürich, Bildarchiv (e-pics)
Fondazione Luigi Micheletti, Notiziari della Guardia Nazionale Repubblicana (FLM/Notiziari G.N.R.)
Istituto Storico Resistenza Novara, Archivio Zona Libera Ossola (ISRN)
Landesarchiv Nordrhein-Westfalen (LAV)
Museo Partigiano A. Di Dio, Ornavasso (MPO)
National Archives and Records Administration, Washington (NARA)
Schweizerisches Bundesarchiv (BAR)
Schweizerisches Nationalmuseum (SNM)

Kapitel 1
Italien im Zweiten Weltkrieg

–

Kapitel 2
Das Ossolagebiet – eine wichtige Grenzregion

BAR – Einsatzbefehle, Instruktionen, Karten, Pläne und Skizzen der Stellungen der Grenzbrigade 9 und der deutschen und italienischen Truppen an der Grenze, Dossier E5721#1000/943#2*
BAR – Operationsbefehl 16, vom 1.1.1944 [Aufmarsch Süd]; Karten, Ordres de bataille, 1943-1944, Dossier E27#1000/721#14302*
BAR – Verstärkung der Grenzwachtposten: Grenzübertritte im Tessin. Meldungen über Internierungen, Dossier E5721#1000/943#6*

Kapitel 3
Kriegsverbrechen vor den Toren der Schweiz

BArch MA – Vorschlag zum EK2KL Wachtmeister Ludwig Rutar, R70 Italien/Band 31/Blatt 15 Rutar
BAR – Einvernahmeprotokoll Edith Gruenberger, Dossier E4364#1985/196#1391*
BArch MA – Vorschlag zum EK2KL Hauptmann der Schutzpolizei Wolfgang Dennhard, R70 Italien/Band 32/Blatt 4-5 Dennhard
BArch MA – Vorschlag zum EK1KL Hauptmann Eduard Psotta, R70 Italien/Band 32/Blatt 185-186 Psotta
BArch Ast. Ludwigsburg – Bestand 162/6064, Vernehmung Max Clemens, April 1964

BArch Ast. Ludwigsburg – Bestand 162/43762, freiwillige Aussage des Zivilinternierten Willy Tensfeld, März 1947

Kapitel 4
Die Partisanen der Region Ossola

ASTi – Giorgio Casella, 1944–1945 (Fondo), Signatur 3.1.1.4
ASTi – Guido Bustelli, 1940–1989 (Fondo), Signatur 3.1.1.3
ASTi – Comando della Polizia cantonale – Internati, 1943–1945 (Fondo), Signatur 1.1.4.3.55
FLM/Notiziari G.N.R. – Attività di banditi e ribelli, Provincia di Novara, 1944–1945.

Kapitel 5
Die Besatzungstruppen im Ossolagebiet

AS-NO – Comando Tedesco, Lettera di Enrico Vezzalini a Waldemar Krumhaar, Bestand 234, November 1944
LAV – Entnazifizierung Ludwig Buch, geb. 24.08.1895 (Prokurist), Bestand: NW 1002-I, Signatur 17305
BArch MA – Vorschlag der Spange zum EK1KL Oberst Ludwig Buch, R70 Italien/Band 32/Blatt 216-217 Buch
BArch MA – Vorschlag zum EK1KL SSPF Willy Tensfeld, R70 Italien/Band 32/ Blatt 37-38 Tensfeld
BArch MA – Vorschlag und Begründung Verleihung EK1KL SS-Brigadeführer Tensfeld, R70 Italien/Band 18/Blatt 38-39 Tensfeld
BArch MA – Vorschlag zum Deutschen Kreuz in Gold SSPF Willy Tensfeld, R70 Italien/Band 19/Blatt 87-88 Tensfeld
BAR – Bergfeld, Helmut, 15.06.1912, Dossier E4264#1985/196#59876*

Kapitel 6
Die Partisanenrepublik Ossola

ARDP di Dio – Documenti Donne nella Resistenza a Busto e in Italia
BAR – Fragebogen Renzo Coen, Dossier E4264#1985/196#24834*
BAR – Einvernahmeprotokoll Gaddo Coen, Dossier E4264#1985/196#24834*
BAR – Einvernahmeprotokoll Giovanna Coen, Dossier E4264#1985/196#24834*
BAR – Einvernahmeprotokoll Ettore Tibaldi, Dossier E4264#1985/196#28902*
BAR – Einvernahmeprotokoll Don Gaudenzio Cabalà, Dossier 4320B#1991/243#2037*
Comune di Domodossola, Il governo dell'Ossola, I verbali della Giunta provvisoria di governo, Domodossola 1989
DODIS – Philippe Marguerat, Louis-Edouard Roulet (Hg.), Bd. 15, Dok. 253, dodis.ch/47857, Bern 1992
Tibaldi, Ettore, L'opera della Giunta provvisoria di Governo nell'Ossola liberata dall'8 settembre 1944 al 22 Ottobre 1944, Domodossola 1945
BAR – Grenzverletzung durch Neofaschisten am 18.10.1944 bei Bagni di Craveggia durch Beschiessung von auf Schweizergebiet geflüchteten Partisanen, Dossier E2001E#1967/113#1815*
BAR – Rom, Berichte über den Partisanenaufstand in Domodossola und im Aostatal, Dossier E2300#1000/716#926*

Kapitel 7
Alliierte Hilfe

BAR – McCaffery, John, Dossier: E2001E#1968/78#1830*
United States, Hrsg., Testimony and Confessions Relating to the Disappearance of Maj. William V. Holohan: hearings before the United States House Committee on Armed Services, Special Subcommittee of Committee on Armed Services, Eighty-Third Congress, first session and Eighty-Second Congress, first session and Eighty-Second Congress, second session, on Dec. 19, 1951, Jan. 9, 10, 1952, Mar. 26, May 19, 1953 (Washington: U.S. G.P.O, 1953)
CIA FOIA – Summary of the CIA-files concerning the Holohan case, 11. September 1951, freigegeben am 8. November 2021
BAR – Dulles Allen, 1893, Dossier E4320B#1990/266#5772*

Kapitel 8
Tessiner Widerstandsbewegungen

BAR – Strafakte Vincenzo Martinetti, illegaler Grenzübertritt, Dossier E5330-01#1975/95#34306*

BAR – Strafakte Meraldi Florindo, Dossier E5330-01#1975/95#31815*

ASTi – FPC5: Guglielmo Canevascini, 1886-1986 (Fondo), Signatur 3.2.3.5

Kapitel 9
Ossola-Partisanen in Schweizer Internierungslagern

BAR – Befragung Luigi Bava, Dossier E4264#1985/196#42901*

BAR – Ital. Internierte (Partisanen aus dem Valle d'Ossola) in einem besonderen Lager am Schwarzsee, Dossier E2001D#1000/1553#6394*

BAR – Behandlung ausländischer Partisanen, Dossier E4001#1000/783#2589*

BAR – Aufstandsbewegung im Ossolatal, Dossier E2200.20#1000/345#20*

Kapitel 10
«Operation Sunrise»

CIA FOIA – Document 00033995, Report on the Sunrise

BAR – Unterlagen über die Operation «sunrise», Dossier J1.188#2004/353#5*

BAR – Parrilli, Luigi, 1892.05.19, Dossier E4301#1992/36#1199*

NARA – Office of Strategic Services – Reports, March 1, 1945-March 15,1945, NAID: 16620556

NARA – Office of Strategic Services – Reports, March 16, 1945-March 31, 1945, NAID: 16620560

BArch Berlin-Lichterfelde – Nero-Befehl, R 3/1623a, Image 0093

BAR – Waibel, Max, Oberstlt i. Gst., Luzern, Dossier E2001E#1000/1571#1349*

NARA – Collection of World War II Crimes Records, Wolff, Karl, NAID: 57336815

NARA – Collection of World War II Crimes Records, Wolff, Karl, NAID: 1394116

NARA – Record Group 262, Zimmer, Guido, NAID: 16971904

Kapitel 11
Die Rettung des Simplontunnels

BAR – Sprengvorbereitungen am Südportal des Simplontunnels durch die deutsche Wehrmacht und Verhinderung der Sprengung durch schweizerischer Vertrauensleute, Dossier E27#/1000/721#19202*

BAR – Bardet Paul, Dossier E5561#1987/99#1294*

SBB Historic – Commission romande de la ligne du Simplon: Auszeichnung der bei der Sprengung des Sprengstoffdepots Varzo beteiligten Partisanen, Dossier GD_GS_SBB01_072_11

Kapitel 12
Kampfzone Ossola: eine Bilanz

BAR – Waibel, Max, Oberstlt i. Gst., Luzern, Dossier E2001E#1000/1571#1349*

BAR – Dollmann, Eugen, 1900, Dossier E4320B#1973/17#1455*

BAR – Einzelfälle betr. Spionage, Sabotage, staatgefährdende Umtriebe, Extremisten, Weisungen aus dem Grenz- und Festungsgebiet, Dossier E27#1000/721#10065*

Personenregister

Bildnachweis

6, 42, 72 Istituto Storico Piero Fornara, Novara
9, 54, 74, 136 Wikimedia
10 Wikimedia/Deutsches Bundesarchiv
12 Staatsarchiv Aargau/RBA10-10_ Widerstand Partisanen13_1
14, 46 Raphael Rues, Insubrica Historica, Minusio
17, 112 Schweizerisches Nationalmuseum
18 Baugeschichtliches Archiv Zürich
20 Schweizerisches Bundesarchiv, E5792#1988-204#80*
21 Schweizerisches Bundesarchiv, E27#1000/721#14302*
24, 34, 47, 85, 86, 101, 169 Archivio Casa della Resistenza, Verbania
26 Deutsches Bundesarchiv, Militärarchiv, Bild 101I-567-1503C-14
28, 175 e-newspaperarchives
31 Schweizerisches Bundesarchiv, E4264#1985/196#31391*
57, 63, 87, 160, 161 Archiv Insubrica Historica, Minusio
59 SBB Historic
64 Schweizerisches Bundesarchiv, E4264#1985/196#59876*
76 ETH Zürich, e-periodica
80 Schweizerisches Bundesarchiv, E2300#1000/716#926*
83 Staatsarchiv Aargau/RBA 10-19_ Fluechtlinge38_1
92, 96 Museo Partigiano A. Di Dio, Ornavasso
100 US Army Archive, Washington
103 Deutsches Bundesarchiv, Militärarchiv, Bild 101I-480-2245-30
110 Archivio Museo Onsernonese, Loco
115 Schweizerisches Bundesarchiv, E5330-01#1975/95#32028*
122 Staatsarchiv des Kantons Bern, N Gribi 2.38
125 Archivio Tullio Bernasconi, Scuola Granatieri, Isone
126 Staatsarchiv Aargau/RBA_Fluechtlinge Diverse33_5
128, 129 Staatsarchiv des Kantons Bern, FN Nydegger L 139
130 Schweizerisches Bundesarchiv, E2001D#1000/1553#6394*
139, 140, 143 Schweizerisches Bundesarchiv, J1.188#2004/353#5* / Novalis Verlag, Schaffhausen
139 Schweizerisches Bundesarchiv, E4320B#1990/266#5772*
147 Wikimedia / The National Archives – U.K.
148 Schweizerisches Bundesarchiv, E4320B#1973/17#1455*
156 SBB Historic, F_129_00007_045
162 Schweizerisches Bundesarchiv, E5561#1987-99#1294*
164 Staatsarchiv Aargau/RBA1-10-72_1
172 Staatsarchiv Aargau/RBA10-19_ Fluechtlinge38_5
173 Schweizerisches Bundesarchiv, E27#1000/721#9540*
174 National Archives, Collection of World War II, Crimes Records, NAID: 169155516

Portraits Biografien:
Kapitel 2: e-pics, SNM
Kapitel 3: BAR, ACdR, Wikimedia
Kapitel 4: MPO, Città di Domodossola, ACdR, Fondo Fam. Viglio – Casa della Resistenza, Verbania, Wikimedia
Kapitel 5: BAR, AIH, Dr. Hartwig Kobelt Archiv, Wikimedia
Kapitel 6: MPO, BAR, ACdR, AIH
Kapitel 7: MPO, Wikimedia, specialforcesroh.com
Kapitel 8: Archivio Donne Ticinesi, Archiv Mathias Knauer, Radiotelevisione Italiana, Città di Domodossola, Illustrazione Ticinese, Wikimedia
Kapitel 9: BAR, Médiathèque Valais Martigny
Kapitel 10: BAR, e-newspaperarchives, Wikimedia
Kapitel 11: e-newspaperarchives

Historische Recherche:
Andrej Abplanalp, Raphael Rues,
Simone Chiquet
Lektorat:
Michael Eberle
Cover und Umschlag:
Marco Heer, Achtung! GmbH,
www.achtung.be

Besonderen Dank gilt folgenden
Institutionen:
Bonny Stiftung für die Freiheit
Donation Prof. Dr. Maria Beatrice
Bindschedler
Associazione Casa della Resistenza,
Verbania, www.casadellaresistenza.it
Associazione Gruppo per la Memoria
1943-1945, www.gruppomemoria.ch
Percorso della Speranza,
www.percorsodellasperanza.org
Insubrica Historica,
www.insubricahistorica.ch
Museo Partigiano A. Di Dio, Ornavasso,
www.museopartigiano.it

Weitere Dokumente, Fotografien und
Hintergrundinformationen zu den
Ereignissen im Ossola während der Zeit
von 1943 bis 1945 sind auf der Website
www.kampfzoneossola.ch verfügbar.

Der Verlag Hier und Jetzt wird vom Bundesamt für Kultur mit einem Strukturbeitrag
für die Jahre 2026–2028 unterstützt.

Produktion: Hier und Jetzt
Druck und Bindung: Beltz Grafische
Betriebe GmbH, Bad Langensalza
Auslieferung EU: Brockhaus/Commission,
Kreidlerstrasse 9,
70806 Kornwestheim b. Stuttgart, Deutschland, hierundjetzt@brocom.de

4. Auflage 2026

Breitingerstrasse 23, 8002 Zürich, Schweiz,
admin@hierundjetzt.ch
www.hierundjetzt.ch

ISBN Druckausgabe 978-3-03919-666-1
ISBN E-Book 978-3-03919-678-4